DIDEROT

CALMANN LÉVY, ÉDITEUR

OUVRAGES
D'EDMOND SCHERER

Format grand in-18

ÉTUDES

SUR

LA LITTÉRATURE CONTEMPORAINE

Cinq volumes

ÉTUDES CRITIQUES
DE LITTÉRATURE

Un volume

MÉLANGES
D'HISTOIRE RELIGIEUSE

Deuxième édition — Un volume

IMPRIMERIE GÉNÉRALE DE CHATILLON-SUR-SEINE, J. ROBERT

DIDEROT

ÉTUDE

PAR

EDMOND SCHERER

> Tout s'exagère, tout s'enrichit dans mon
> imagination et dans mes discours.
> DIDEROT.

PARIS
CALMANN LÉVY, ÉDITEUR
ANCIENNE MAISON MICHEL LÉVY FRÈRES
RUE AUBER, 3, ET BOULEVARD DES ITALIENS, 15
A LA LIBRAIRIE NOUVELLE
—
1880
Droits de reproduction et de traduction réservés.

Vyřazeno

B
DID   1358/68

DIDEROT[1]

I

Nous avons entendu des personnes demander s'il était bien nécessaire de donner une nouvelle édition de Diderot. L'examen de la publication entreprise par la maison Garnier frères sera la meilleure réponse que nous puissions faire à cette question.

On possédait trois éditions des œuvres de

---

1. *Œuvres complètes de Diderot*, revues sur les éditions originales, etc., par J. Assézat. — 20 vol. in-8º.

Diderot, celle de Naigeon, publiée en 1798, celle de Belin, qui est de 1818, et celle de Brière, qui est de 1821. On avait là le gros des écrits de l'auteur : ses principaux ouvrages philosophiques, ses romans, son théâtre et quelques *Salons*. Le dernier volume de Brière, publié en 1823, y avait même ajouté *le Neveu de Rameau*. Depuis lors, cependant, avaient paru diverses publications qui n'ajoutaient pas seulement au nombre des écrits de Diderot, mais qui nous livraient pour la première fois quelques-uns des plus précieux. Les quatre volumes, donnés en 1830, par la librairie Paulin, causèrent surtout une grande surprise. On y trouvait, outre les Mémoires sur Diderot par madame de Vandeul, sa fille, l'*Entretien avec d'Alembert* et *le Rêve de d'Alembert*, deux morceaux dans lesquels l'auteur a résumé ses vues philosophiques ; le *Paradoxe sur le Comédien* qui ne le cède en mouvement et en intérêt qu'au *Neveu de Rameau;* enfin les *Lettres à mademoiselle Volland.* Jamais on n'avait vu si riche glanage après la moisson. Et cependant on n'était pas encore au bout. M. Walferdin, en 1857, complétait la série des *Salons* de Diderot ; et M. Charles Cournault, en 1867, en faisait de même pour la correspondance avec Falconet. Voilà, sans compter quelques productions de moindre importance, un nombre suffisant d'ouvrages à incorporer aux œuvres déjà réunies de Diderot, et voilà par conséquent de quoi justifier la nouvelle édition. M. Assézat y a ajouté, d'ailleurs, un assez grand nombre de pièces inédites, obtenues à force de recherches et de soin ; la plupart sont très courtes, mais il y a une réfutation étendue de *l'Homme* d'Helvétius, des *Éléments de physiologie*, deux mémoires de mathématiques, des plans de pièces de théâtre, des poésies, des lettres. Ainsi donc point de doute : à supposer que Diderot vaille la peine qu'on réunisse ses œuvres, ce que personne ne conteste, il y avait toute espèce de raisons pour reprendre aujourd'hui ce travail : les anciennes éditions n'étaient pas seulement extrêmement incomplètes, il y manquait précisément les écrits de Diderot qui intéressent le plus la littérature, la philosophie et les arts.

Ayant commencé à parler de l'édition de MM. Garnier, j'achève tout de suite d'en indiquer les avantages et aussi, comme il convient à un critique qui se respecte, les imperfections. Le soin de ce grand travail avait été confié par les éditeurs à M. Jules Assézat, qui y apporta la dévotion à la mémoire de

Diderot, et ce zèle, cette conscience, ce besoin d'exactitude qu'exigeait avant tout une pareille tâche. Malheureusement M. Assézat, qui était atteint d'une maladie de cœur, devint plus souffrant lorsqu'il n'avait guère achevé que la moitié de sa tâche, et il mourut après la publication du seizième volume. Il a été suppléé, pour la fin de l'édition, par l'un de ses collaborateurs, M. Maurice Tourneux, qui s'est acquitté de son travail dans le même esprit que son prédécesseur. Toutefois la mort de M. Assézat nous a privés de l'étude sur Diderot qui nous avait été promise. Peut-être faut-il mettre également sur le compte du changement de mains quelques autres défauts de l'édition. C'est ainsi que le portrait de Diderot par la princesse Dashkof, annoncé dans une note du premier volume, a été oublié. La correction des épreuves est inégale et plusieurs volumes sont déparés par d'assez nombreuses fautes d'impression. Une table générale et alphabétique, qui ajoute infiniment à la valeur de l'ouvrage, a été jointe au dernier tome, mais j'avoue que je n'ai pu découvrir d'après quel principe cette table avait été dressée. Très exacte et complète pour certains articles, elle offre sur d'autres points des omissions tout à fait surprenantes. J'y ai cherché en vain le portrait enthousiaste que Diderot fait de l'impératrice Catherine, dans sa lettre à Falconet de juillet 1767. Il y a dans la correspondance avec mademoiselle Volland un long passage sur l'*Iphigénie* de Racine, et, dans la lettre à mademoiselle Jodin, une caractéristique de Corneille et de Racine que l'Index a négligés, sans qu'on puisse deviner pourquoi. J'en dirai autant du jugement assez inattendu par lequel Diderot reconnaît Voltaire

Vainqueur des deux rivaux qui régnaient sur la scène.

(tome V, p. 257), de la lettre où il fait allusion au refroidissement de Grimm pour madame d'Épinay (t. XVIII, p. 466), et d'une anecdote sur l'abbé Galiani (t. VI, p. 138). Mais ce qui montre le mieux peut-être avec quelle légèreté a été faite la table dont je parle, c'est l'omission d'une observation importante et développée sur les rêves, dans le Salon de 1769.

Je ne puis m'empêcher d'exprimer un autre regret au sujet du travail de MM. Assézat et Tourneux. Autant ces deux honorables éditeurs ont été abondants et satisfaisants dans les notices qu'ils ont mises en tête des divers ouvrages de la collection, autant ils ont été avares des éclaircissements nécessaires à l'intelligence de leur auteur. L'absence presque complète de notes est surtout regrettable pour les lettres à mademoiselle Volland, qui renferment tant de traits personnels, d'allusions, de passages obscurs. Il y avait là, ce me semble, une tâche faite pour tenter des admirateurs passionnés de Diderot; telle qu'elle a été donnée jusqu'ici au public, on peut dire que cette correspondance n'est pas encore *éditée*.

Je n'ai, en revanche, que des louanges à donner aux éditeurs pour la sollicitude qu'ils ont mise à l'établissement du texte de Diderot. Collation des éditions, comparaison des ouvrages imprimés avec les copies manuscrites, recherches dans les recueils où l'auteur éparpillait les fruits de sa verve, efforts pour rassembler les informations fournies par la bibliothèque de l'Ermitage à Saint-Pétersbourg, rien ne leur a coûté pour arriver à la plus grande correction possible. *Le Neveu de Rameau* a surtout gagné à ces soins. C'est une curieuse histoire que celle de ce petit ouvrage et qu'il faut lire dans la notice préliminaire que M. Assézat y a mise. Diderot paraît avoir écrit son Dialogue sans dessein de le publier, mais pour le plaisir de ses amis ou l'amusement des correspondants de Grimm. On ignore à qui le manuscrit autographe avait été envoyé, si c'est au prince Henri de Prusse ou à l'impératrice Catherine. Quoi qu'il en soit, des copies en avaient été faites, et l'une de ces copies était tombée dans les mains de Schiller, qui l'avait communiquée à Gœthe. Ce dernier fut singulièrement frappé de cette œuvre si immoralement morale, comme il l'appelle; il la traduisit et la publia en 1805.

L'allemand était peu lu à cette époque en France; la publication de Gœthe resta donc à peu près non avenue pour nous, jusqu'à ce que deux jeunes gens eussent l'idée, en 1821, de donner, comme le texte même de Diderot, une traduction de la traduction allemande. Le travail était fort imparfait; il y avait des fautes d'ignorance, des bévues, ici des omissions, là des enjolivements. La publication de MM. de Saur et de Saint-Geniès n'en eut pas moins un grand succès, et le public ne se serait probablement douté de rien s'il n'avait été averti par une rivalité de librairie. Brière, l'éditeur des œuvres de Diderot, possédait une copie du *Neveu de Rameau* qu'il tenait de madame de Vandeul, et il put ainsi donner place à l'ouvrage dans son édition. Il ne manqua pas, cela va sans dire, d'annoncer que c'était là le véritable texte. M. de Saur et son collaborateur, de leur côté, ne se tinrent pas pour battus; ils se décidèrent à avouer que leur publication n'avait été qu'une traduction, mais ils firent semblant de croire que le texte donné par Brière avait la même origine; ils défièrent cet éditeur de produire le manuscrit autographe, ils affectèrent, enfin, de ne pouvoir reconnaître le talent de Diderot dans l'écrit qu'on lui attribuait, y relevant des fautes de style, du fatras, se plaignant qu'on voulût métamorphoser un auteur illustre en un écrivain plat et barbare! La partie, toutefois, n'était pas égale. Brière, s'il ne possédait pas le manuscrit original, avait pourtant les moyens de confondre ses adversaires; il obtint de madame de Vandeul l'autorisation de la nommer comme possesseur de la copie qu'il avait suivie, et il obtint de Gœthe le témoignage que ce texte était conforme à celui sur lequel avait été faite la traduction allemande dix-huit ans auparavant. La discussion pour lors était close, l'écrit de Diderot prenait place dans notre littérature sous une forme authentique. Il n'est que juste d'ajouter que M. Assézat a pu encore améliorer ce texte en suivant une nouvelle et meilleure copie, dont il indique la supériorité sans s'expliquer d'ailleurs sur la manière dont elle est arrivée entre ses mains.

J'ai tenu à mettre le lecteur en état de juger par lui-même du mérite d'une édition qui restera probablement définitive. Les deux hommes de lettres auxquels nous la devons ont rendu un service aux bibliothèques en leur fournissant les œuvres complètes d'un écrivain qui compte à tant de titres dans notre histoire littéraire; ils ont flatté les goûts des zélateurs, plus nombreux qu'on ne croit, qui professent le culte de Diderot; ils ont, enfin, consulté les intérêts de ceux-là mêmes qui croient devoir choisir dans l'œuvre immense et confuse de l'écrivain, et qui trouvent ici, outre un texte soigneusement établi, de nombreux renseignements bibliographiques et des secours de plusieurs espèces.

II

Ce qu'il y a de plus intéressant dans les œuvres de Diderot, c'est Diderot lui-même, d'autant plus qu'il se livre au lecteur avec une franchise sans égale. Il se laisse aller partout et à chaque instant à des souvenirs, des confidences, des aveux, qui nous font lire dans le fond de son être. Il pose devant nous tour à tour dans tous les costumes, ou plutôt il est toujours prêt à se déshabiller au premier signe, sans vergogne, trouvant évidemment plaisir à se montrer tel que la nature l'a fait. Chacun de ses écrits devient ainsi, à l'occasion, un chapitre de Confessions. Je pourrais citer tel article de l'Encyclopédie elle-même où il ne peut s'empêcher de trahir son tempérament inflammable et où l'on croit l'entendre parler à la première personne. Je m'étonne qu'on n'ait pas encore eu l'idée de chercher dans les volumes de Diderot les éléments d'un portrait de cet écrivain. Ce n'est ni la sincérité, assurément, ni la vie, ni le piquant qui y manqueraient. Tout au plus serait-il bon d'y ajouter çà et là quelques traits empruntés à des contemporains, pour suppléer ce qui manque inévitablement à l'image d'un peintre tracée par lui-même, de quelque bonne foi que l'artiste se pique, quelque bonhomie ou quelque cynisme qu'il y ait apporté.

Commençons par les souvenirs de famille et d'enfance qui avaient le don, plus qu'aucune autre chose, d'éveiller la veine sentimentale chez Diderot. « Je n'ai vu mourir ni mon père, ni ma mère, écrit-il dans le *Voyage à Bourbonne;* je leur étais cher, et je ne doute point que les yeux de ma mère ne m'aient cherché à son dernier instant. Il est minuit; je suis seul; je me rappelle ces bonnes gens, ces bons parents, et mon cœur se serre quand je pense à toutes les inquiétudes qu'ils devaient éprouver sur le sort d'un jeune homme violent et passionné, abandonné sans guide à tous les fâcheux hasards d'une capitale immense, le séjour du crime et des vices, sans avoir recueilli un instant de la douceur qu'ils auraient eue à le voir, à en entendre parler, lorsqu'il eut acquis par sa bonté naturelle et par l'usage de ses talents la considération dont il jouit. Et souhaitez après cela d'être père! J'ai fait le malheur de mon père, la douleur de ma mère tandis qu'ils ont vécu, et je suis un des enfants les mieux nés qu'on puisse se promettre ! Je me loue moi-même ; cependant, je ne suis rien moins que vain, car une des choses qui m'aient fait le plus de plaisir, c'est le propos bourru que me tint un provincial quelques années après la mort de mon père. Je traversais une des rues de ma ville ; il m'arrête par le bras et me dit : *Monsieur Diderot, vous êtes bon, mais si vous croyez que vous vaudrez jamais votre père, vous vous trompez.* Je ne sais si les pères sont contents d'avoir des enfants qui vaillent mieux qu'eux, mais je le fus, moi, de m'entendre dire que mon père valait mieux que moi. Je crois, et je croirai tant que je vivrai, que ce provincial m'a dit vrai. Mes parents ont laissé après eux un fils aîné qu'on appelle Diderot le philosophe, c'est moi ; une fille qui a gardé le célibat, et un dernier enfant qui s'est fait ecclésiastique. C'est une bonne race. »

Voici maintenant le portrait de ce frère et de cette sœur. Diderot, en 1759, s'était rendu à Langres, pour procéder au partage de la succession paternelle. « Il est impossible, écrit-il à mademoiselle Volland, d'imaginer trois êtres de caractères plus différents que ma sœur, mon frère et moi. Ma sœur est vive, agissante, gaie, décidée, prompte à s'offenser, lente à revenir, sans souci ni sur le présent ni sur l'avenir, ne s'en laissant imposer ni par les choses ni par les personnes ; libre dans ses actions, plus libre encore dans ses propos ; c'est une espèce de Diogène femelle. Je suis le seul homme qu'elle ait aimé, aussi m'aime-t-elle beaucoup. Mon plaisir la transporte, ma peine la tuerait. L'abbé est né sensible et serein. Il aurait eu de l'esprit, mais la religion l'a rendu scrupuleux et pusillanime. Il est triste, muet, circonspect et fâcheux. Il porte sans cesse avec lui une règle incommode à laquelle il rapporte la conduite des autres et la sienne. Il est gênant et gêné. C'est une espèce d'Héraclite chrétien, toujours prêt à pleurer sur la folie de ses semblables. Il parle peu et écoute beaucoup; il est rarement satisfait. Doux, facile, indulgent, trop peut-être, il me semble que je tiens entre eux un assez juste milieu. Je suis comme l'huile qui empêche ces machines raboteuses de crier lorsqu'elles viennent à se toucher. »

Le père avait laissé une assez jolie petite fortune, 60,000 francs environ en valeurs, une maison à la ville, deux chaumières à la campagne, des vignes, des marchandises, un mobilier. Tout cela fut vite partagé, grâce à une rivalité de désintéressement de la part des trois héritiers. « L'acte est signé d'hier. Les choses se sont passées comme je vous l'ai dit. J'ai signé le premier. J'ai donné la plume à mon frère, de qui ma sœur l'a reçue. Nous n'étions que nous trois. Cela fait, je leur ai témoigné combien j'étais touché de leur procédé. J'avais peine à parler, je sanglotais. Je leur ai demandé ensuite s'ils étaient satisfaits de moi, ils ne m'ont rien répondu, mais ils m'ont embrassé tous les deux. »

Puis vint le moment terrible, c'est Diderot qui l'appelle ainsi, le moment des adieux. « Ils ont été bien tendres; j'ai jeté mes bras autour du cou de l'abbé, j'ai baisé ma sœur cent fois. Je parlais à l'abbé, mais je ne disais mot à ma sœur. En vérité, nous sommes bien nés tous les trois, mais il est impossible d'être de caractères plus divers. Ah ! s'ils s'aimaient l'un l'autre comme ils m'aimen tous les deux ! Nous avons une qualité commune, c'est le désintéressement. L'abbé ne tient à rien, cela est sûr ; l'argent n'en est pas excepté. »

Je ne m'excuse pas d'avoir fait entrer le lecteur dans cet intérieur de famille. Il n'est pas indifférent de connaître la souche d'où sort un homme célèbre. Diderot a raison, il était de bonne race, et l'on aime à le voir tout d'abord dans ce cadre de petite bourgeoisie honnête et forte.

J'en viens tout de suite, après cette première donnée, aux traits de la figure de notre philosophe et à son naturel. Diderot est aussi babillard sur ce point que sur tous les autres. Le voici tel qu'il était dans sa jeunesse, « l'air vif, ardent et fou » ; le voilà donnant des leçons de mathématiques, courant le cachet, comme nous disons, « en redingote de peluche grise éreintée par un des côtés, avec la manchette déchirée et des bas de laine noire recousus par derrière avec du fil blanc ». Diderot aime à revenir sur le passé. Michel Vanloo avait, en 1767, exposé un portrait de lui. Bien que lié avec l'artiste, le philosophe traite le morceau avec sévérité. C'est un joli travail, selon lui, mais sans ressemblance. Après quoi il se lance dans une de ses rhapsodies : « Mes enfants, je vous préviens que ce n'est pas moi. J'avais en une journée cent physionomies diverses, selon la chose dont j'étais affecté. J'étais serein, triste, rêveur, tendre, violent, passionné, enthousiaste, mais je ne fus jamais tel que vous me voyez là. J'avais un grand front, des yeux très vifs, d'assez grands traits, la tête tout à fait du caractère d'un ancien orateur, une bonhomie qui touchait de bien près à la bêtise, à la rusticité des anciens temps. J'ai un masque qui trompe l'artiste, soit qu'il y ait trop de choses fondues ensemble, soit que, les impressions de mon âme se succédant très rapidement et se peignant toutes sur mon visage, l'œil du peintre ne me retrouvant pas le même d'un instant à l'autre, sa tâche devienne beaucoup plus difficile qu'il ne la croyait. Je n'ai jamais été bien fait que par un pauvre diable appelé Garand, qui m'attrapa comme il arrive à un sot qui dit un bon mot. Celui qui voit mon portrait par Garand me voit. *Ecco il vero Pulcinella.* M. Grimm l'a fait graver, mais il ne le communique pas. Il attend toujours une inscription, qu'il n'aura que quand j'aurai produit quelque chose qui m'immortalise. — Et quand l'aura-t-il ? — Quand? demain peut-être ; et qui sait ce que je puis? Je n'ai pas la conscience d'avoir encore employé la moitié de mes forces. Jusqu'à présent je n'ai que baguenaudé. »

Diderot avait cinquante-quatre ans lorsqu'il écrivait ces lignes. Il achevait l'Encyclopédie, non sans fatigue et dégoût. Il n'a jamais fait l'ouvrage dont il semblait attendre l'occasion, et où il aurait montré de quoi il était capable. On n'a guère de lui, dans les dix-sept années qui lui restaient à vivre, que l'*Essai sur les règnes de Claude et de Néron*, le *Paradoxe sur le Comédien*, le *Rêve de d'Alembert*, et quelques *Salons*, autant de produits d'une verve inépuisable, mais non pas l'œuvre de longue haleine, achevée, réfléchie, qui donne la pleine mesure d'un auteur.

On voit d'ici ce qu'un tempérament tel que celui dont on vient de lire la description devait entraîner d'immodéré en tout. Diderot est un homme de première impulsion, il vit au hasard. « Je me porte à merveille, quoique je fasse tout ce qu'il faut pour venir à bout de ma santé. Je me couche tard, je me lève matin, je travaille comme si je n'avais rien fait de ma vie, que je n'eusse que vingt-cinq ans et la dot de ma fille à gagner. Je ne sais rien prendre modérément, ni la peine, ni le plaisir, et si je me laisse appeler philosophe sans rougir, c'est un sobriquet qu'ils m'ont donné et qui me restera. » Il est gourmand et dévore tout ce qu'on met devant lui : « Damilaville m'invita à souper chez lui, j'acceptai : je suis un glouton ; je mangeai une tourte entière ; je mis là-dessus trois ou quatre pêches, du vin ordinaire, du vin de Malaga, avec une grande tasse de café. Il était une heure du matin quand je m'en retournai ; je brûlais dans mon lit, je ne pouvais fermer l'œil. J'eus l'indigestion la mieux conditionnée. Je passai la journée à prendre du thé ; le lendemain je me trouvais assez bien pour aller à *Tancrède*. »

« Il se crevait de mangeaille, » comme le lui disait un jour madame d'Aine, la belle-mère du baron d'Holbach, ce curieux spécimen de la vieille femme au xviii° siècle, sans préjugés ni pudeur vraie ou fausse. Et quelle soif que celle de ce prodigieux mangeur !

« Nous avons soupé jusqu'à dix heures du matin. Je n'ai pas bu une goutte d'eau ; ils chancelaient tous, j'étais ferme sur mes pieds. Dix bouteilles de champagne rouge, trois de champagne mousseux blanc, une bouteille de Canarie, des liqueurs de deux ou trois sortes, et du café, sans la moindre insomnie ni le plus léger mal de tête. Et puis me voilà à mon lait le matin et à ma limonade le soir, et frais comme une rose... un peu passée. »

Il est vrai que Diderot s'excuse de ses indigestions sur sa distraction. « Je mange de distraction, écrit-il à Sophie ; que faut-il que j'y fasse? comment parvient-on à n'être pas distrait? » Il l'était, en effet, et notoirement, proverbialement. Grimm plaisante sur ce sujet dans une lettre à mademoiselle Volland : « Il m'a affligé ces jours passés, car il savait le jour du mois et de la semaine, mais il prétend que c'est votre absence qui en est cause. Sophie, s'il apprend jamais à dater ses lettres, c'en est fait de son bonheur et de son génie. Revenez, et qu'il ne vous doive point cette funeste science. »

Ce qui surprend davantage, c'est que bavard, enthousiaste, cynique comme il est, Diderot ne laisse pas d'être timide. Il se plaint de balbutier lorsqu'il voit une per-

sonne pour la première fois, de ne pas savoir
employer les phrases en usage dans une pareille occasion. « Je me suis demandé plusieurs fois, dit-il, pourquoi avec un caractère doux et facile, de l'indulgence, de la
gaieté et des connaissances, j'étais si peu fait
pour la société. C'est qu'il est impossible que
j'y sois comme avec mes amis, et que je ne
sais pas cette langue froide et vide de sens
qu'on parle aux indifférents; j'y suis silen-
cieux ou indiscret. » Et un peu plus loin :
« Je persiste, mon amie; je n'ai pas un liard
de cette monnaie-là. Je sais tout dire, excepté
bonjour. J'en serai toute ma vie à l'*a b c* de
tous ces propos que l'on porte de maison en
maison, et qu'on entend dans tous les quar-
tiers à la même heure. » Et en même temps,
avec cette timidité à première rencontre, un
immense besoin de familiarité. Il faut qu'il

communique à chaque instant ses impressions ou ses pensées. Il n'est heureux qu'à la condition de pouvoir se livrer, se répandre. Il part tout à coup dans un de ses *Salons*, et s'écrie : « C'est pour moi et mes amis que je lis, que je réfléchis, que j'écris, que je médite, que j'entends, que je regarde, que je sens. Dans leur absence, ma dévotion rapporte tout à eux. Je songe sans cesse à leur bonheur. Une belle ligne me frappe-t-elle, ils le sauront. Ai-je rencontré un beau trait, je me promets de leur en faire part. Ai-je sous les yeux quelque spectacle enchanteur, sans m'en apercevoir j'en médite le récit pour eux. Je leur ai consacré l'usage de tous mes sens et de toutes mes facultés, et c'est peut-être la raison pour laquelle tout s'exagère, tout s'enrichit un peu dans mon imagination et dans mon discours; ils m'en font quelquefois un reproche, les ingrats! »

Diderot est gauche, il a une certaine pesanteur, il manque de grâce, et il le sait. Il raconte qu'il a essayé de la danse. Il était jeune, amoureux, et voulait plaire. « Je prends le parti d'apprendre à danser : je vais clandestinement, de la rue de la Harpe jusqu'au bout de la rue Montmartre, prendre leçon. Je garde le maître fort longtemps. Je le quitte de dépit de ne rien apprendre. Je le reprends une seconde, une troisième fois, et le quitte avec autant de douleur et aussi peu de succès. Que me manquait-il pour être un grand danseur? L'oreille? Je l'avais excellente. La légèreté? Je n'étais pas lourd, il s'en fallait bien. L'intérêt? On ne pouvait être animé d'un plus violent. Ce qui me manquait? La mollesse, la flexibilité, la grâce, qui ne se donnent point. »

Si la grâce fait défaut à cette nature forte et quelque peu massive, elle est remplacée par la rondeur et la bonhomie. Diderot est bon et tient à être tenu pour tel. « Je suis un bon homme, bien uni, bien rond, » dit-il [1]. Et dans ses *Regrets sur ma vieille robe de chambre* : « Mon dos est bon et rond comme ci-devant. » Il s'est mis en scène dans la pièce intitulée : *Est-il bon? Est-il méchant?* C'est ce M. Hardouin qui « a la fureur de dire tout ce qu'il est de la prudence de taire », qui se plaint d'être « né pour ne rien faire de ce qui lui convient, pour faire tout ce que les autres exigent, et pour ne contenter personne, non, personne, pas même lui ».

Diderot n'était pas seulement l'homme aux relations faciles et familières; il se piquait de grands sentiments en amitié. « Je fais bien,

1. *Œuvres*, t. VI, p. 311.

écrivait-il en 1765, à propos de Jean-Jacques Rousseau, de ne pas rendre l'accès de mon cœur facile; quand on y est une fois entré, on n'en sort pas sans le déchirer; c'est une plaie qu'on ne cautérise jamais bien. » Ce qui n'empêche pas qu'il ne mît quelquefois les torts de son côté. Rousseau lui écrivait : « Quoique né bon et avec une âme franche, vous avez pourtant un malheureux penchant à mésinterpréter les discours et les actions de vos amis. » Il est difficile, en lisant la correspondance de Diderot avec Falconet, de ne pas trouver, en effet, que le philosophe arrive bien vite aux vivacités blessantes de la polémique. On sait que les deux amis finirent par se brouiller. Les rapports avec d'Alembert se gâtèrent également. Il y eut des accrocs jusque dans l'affection de Diderot pour Grimm, l'homme qu'il plaçait le plus haut et auquel, à travers tout, il resta le plus attaché. Il n'en pouvait guère être autrement avec une nature toute d'impulsion et de passion comme celle que nous voyons se dérouler ici sous nos yeux. Il n'est que juste, en même temps, de reconnaître que les sentiments mesquins n'étaient pour rien dans les incartades de Diderot. L'envie, par exemple, la jalousie lui étaient étrangères. Il s'en rend le témoignage, et il a raison. L'anecdote suivante est certainement aussi vraie qu'amusante. C'est toujours lui qui parle : « Sedaine donne *le Philosophe sans le savoir*. Je m'intéressais plus vivement que lui au succès de la pièce ; la jalousie des talents est un vice qui m'est étranger ; j'en ai assez d'autres sans celui-là. J'atteste tous mes confrères en littérature, lorsqu'ils ont daigné quelquefois me consulter sur leurs ouvrages, si je n'ai pas fait tout ce qui dépendait de moi pour répondre dignement à cette marque de leur estime. *Le Philosophe sans le savoir* chancelle à la première, à la seconde représentation, et j'en suis bien affligé; à la troisième, il va aux nues, et j'en suis transporté de joie. Le lendemain matin, je me jette dans un fiacre, je cours après Sedaine ; c'était en hiver, il faisait le froid le plus rigoureux ; je vais partout où j'espère le trouver. J'apprends qu'il est au fond du faubourg Saint-Antoine, je m'y fais conduire. Je l'aborde, je jette mes bras autour de son cou, la voix me manque et les larmes me coulent le long des joues. Voilà l'homme sensible et médiocre. Sedaine, immobile et froid, me regarde et me dit : *Ah! monsieur Diderot, que vous êtes beau!* Voilà l'observateur et l'homme de génie. »

L'extrême intérêt que Diderot prend à ses propres idées l'amène plus d'une fois à des jugements sur lui-même du genre de ceux qu'on vient de lire, et dont l'ingénuité surprendrait si l'amour-propre, en définitive, ne retrouvait son compte dans l'inattendu même des aveux. Il est un passage du *Paradoxe sur le Comédien* où Diderot s'est décrit avec une clairvoyance qui n'est égalée que par la bonhomie qu'il y met. C'est admirable à la fois de pénétration et de désinvolture. Il fallait, pour en arriver à un pareil degré de sincérité sur soi-même, le tempérament précisément que Diderot décrit comme le sien, ce besoin de parler de soi et de se mettre en scène, qui est le contraire, il faut le dire, de la tenue morale et de la distinction personnelle.

Il s'agit de savoir si le comédien doit chercher à entrer dans les émotions du rôle qu'il joue, ou les reproduire seulement par l'imagination. Tel est en effet, on le sait, le sujet traité par Diderot dans l'admirable dialogue que j'ai nommé. « Ce serait un singulier abus de mots, fait observer l'écrivain, que d'appeler sensibilité cette facilité de rendre toutes natures, même les natures féroces. La sensibilité, selon la seule acception qu'on ait donnée jusqu'à présent à ce terme, est, ce me semble, cette disposition compagne de la faiblesse des organes, suite de la mobilité du diaphragme, de la vivacité de l'imagination, de la délicatesse des nerfs, qui incline à compatir, à frissonner, à admirer, à craindre, à se troubler, à pleurer, à s'évanouir, à secourir, à fuir, à crier, à perdre la raison, à exagérer, à mépriser, à dédaigner, à n'avoir aucune idée précise du vrai, du bon et du beau, à être injuste, à être fou. Multipliez les âmes sensibles et vous multiplierez en même proportion les bonnes et les mauvaises actions en tout genre, les éloges et les blâmes outrés. » L'écrivain revient à cette description quelques pages plus loin, et pour constater que c'est bien son portrait qu'il a involontairement tracé : « Lorsque j'ai, dit-il, prononcé que la sensibilité était la caractéristique de la bonté de l'âme et de la médiocrité du génie, j'ai fait un aveu qui n'est pas trop ordinaire, car si Nature a pétri une âme sensible, c'est la mienne. »

Impressionnabilité profonde, mobilité excessive, effervescence perpétuelle, l'inconséquence, l'exagération, l'imprévu, tout ce qui résulte, en un mot, de la prédominance de la passion sur le jugement, voilà bien, je crois, le fond naturel de Diderot, la source à laquelle tout peut se ramener.

Comme écrivain, ses qualités sont toutes d'entrain, d'enthousiasme, d'exaltation. Il a une étrange page sur ce sujet, une page où il entreprend de faire la théorie de l'inspiration, et où on le voit lui-même gagné peu à peu par l'ivresse, par le délire : « Qu'est-ce donc que l'inspiration ? L'art de lever un pan du voile et de montrer aux hommes un coin ignoré ou plutôt oublié du monde qu'ils habitent. L'inspiré est lui-même incertain quelquefois si la chose qu'il annonce est une réalité ou une chimère, si elle exista jamais hors de lui. Il est alors sur la dernière limite de l'énergie de la nature de l'homme, et à l'extrémité des ressources de l'art. Mais comment se fait-il que les esprits les plus communs sentent ces élans du génie, et conçoivent subitement ce que j'ai tant de peine à rendre? L'homme le plus sujet aux accès de l'inspiration pourrait lui-même ne rien concevoir à ce que j'écris du travail de son esprit et de l'effort de son âme, s'il était de sang-froid, j'entends ; car si son démon venait à le saisir subitement, peut-être trouverait-il les mêmes pensées que moi, peut-être les mêmes expressions; il dirait pour ainsi dire ce qu'il n'a jamais su, et c'est de ce moment seulement qu'il commencerait à m'entendre. Malgré l'impulsion qui me presse, je n'ose me suivre plus loin de peur de m'enivrer et de tomber dans des choses tout à fait inintelligibles. Si vous avez quelque soin de la réputation de votre ami, et que vous ne vouliez pas qu'on le prenne pour un fou, je vous prie de ne pas confier cette page à tout le monde. C'est pourtant une de ces pages du moment, qui tiennent à un certain tour de tête qu'on n'a qu'une fois. »

Une complexion de ce genre exclut les qualités critiques de l'esprit, et prédispose celui qui la possède à l'engouement. Diderot manque absolument de mesure dans ses admirations. Son *Éloge de Richardson* est resté célèbre à cet égard. La lecture de *Clarisse*, dit-il, lui a laissé une certaine mélancolie, dans laquelle il se complaît. Ses amis s'en aperçoivent et lui demandent ce qu'il a, s'il est souffrant, si quelque malheur lui est arrivé. Et alors lui de s'écrier pour toute réponse : « O mes amis! *Paméla*, *Clarisse* et *Grandisson* sont trois grands drames! » Il faut avouer que le sublime touche ici au burlesque.

L'impératrice Catherine était une grande souveraine et de plus la bienfaitrice du philosophe. Aussi est-ce un vrai culte qu'il lui rend : « Son buste est placé sur un piédestal, au centre de ma bibliothèque, et c'est là que le père, la mère et l'enfant vont de temps en

temps faire leur prière du matin. C'est là que, cédant aux sentiments tendres dont leur âme est remplie, ils disent conjointement :
« Être immortel, tout-puissant, éternel, qui
» fais les grandes destinées et qui veilles sur
» elles, conserve à l'univers, conserve à la
» Russie cette souveraine. Accorde-lui de
» longues années, et à sa nation une splen-
» deur et une félicité durables. Ainsi soit-il. »

Une preuve encore plus frappante de la disposition de Diderot à l'engouement, parce que l'objet, cette fois, en est fort indigne, c'est son enthousiasme pour un écrivain obscur de son temps, Le Mercier de la Rivière, qui avait fait un *Traité de l'ordre naturel et essentiel des sociétés policées*, et qui allait chercher fortune en Russie. Diderot voulait que Falconet l'appuyât près de Catherine. « Ah! mon ami, écrit-il, qu'une nation est à plaindre lorsque des citoyens tels que celui-ci sont oubliés, persécutés et contraints de s'en éloigner et d'aller porter au loin leurs lumières et leurs vertus! Lorsque l'impératrice aura cet homme-là, de quoi lui serviraient les Quesnay, les Mirabeau, les Voltaire, les d'Alembert, les Diderot? A rien, mon ami, à rien. C'est celui-là qui a découvert le secret, le véritable secret, le secret éternel et immuable de la sécurité, de la durée et du bonheur des empires... Falconet, soùvenez-vous de ce que je vais vous dire. Tout ce qui se fera de bien ici ou ailleurs, se fera d'après ses principes. Le Montesquieu a connu les maladies, celui-ci a indiqué les remèdes, et il n'y a de vrais remèdes que ceux qu'il indique. Ceux qui affectent de soutenir le contraire sont, ou des gens de mauvaise foi, ou des morveux qui prononcent sur tout et n'ont profondément réfléchi sur rien. »

On comprend ce que cette nature extrême en tout devait être en amitié et en amour. Grimm avait fait un voyage et avait été absent huit mois. « Quel plaisir, raconte Diderot, j'ai eu à le revoir et à le recouvrer! Avec quelle chaleur nous nous sommes serrés ! Mon cœur nageait. Je ne pouvais lui parler, ni lui non plus. Nous nous embrassions sans mot dire, et je pleurais. Nous ne l'attendions pas. Nous étions tous au dessert quand on l'annonça : *C'est M. Grimm.* — C'est M. Grimm! repris-je avec un cri, et je courus à lui, et je sautai à son cou! Il s'assit, il dîna, mal, je crois; pour moi, je ne pus desserrer les dents, ni pour manger, ni pour parler. Il était à côté de moi; je lui serrais la main et je le regardais. »

Ne dirait-on pas le sentiment d'un homme

pour sa maîtresse? Mais Diderot, en fait de transports, est à la hauteur de toutes les situations, et mademoiselle Volland n'aura rien à envier à Grimm. « Mon amie, lui écrit-il, si par quelque enchantement je vous retrouvais tout à coup à côté de moi, il y a des moments où j'en pourrais mourir de joie. Il est sûr que je ne connais ni bienséance, ni respect qui pût m'arrêter. Je me précipiterais sur vous, je vous embrasserais de toute ma force et je demeurerais le visage attaché sur le vôtre jusqu'à ce que le battement fût revenu à mon cœur, et que j'eusse recouvré la force de m'éloigner pour vous regarder. Je vous regarderais longtemps avant que de pouvoir vous parler ; je ne sais quand je retrouverais la voix, et quand je prendrais une de vos mains et que je la pourrais porter à ma bouche, à mes yeux, à mon cœur.

J'éprouve, à vous entretenir de ce moment et à l'imaginer, un frissonnement dans toutes les parties de mon corps et presque la défaillance. Ah! chère amie, combien je vous aime, et combien vous le verrez lorsque nous serons rendus l'un à l'autre ! »

Diderot avait quarante-sept ans lorsqu'il écrivait cette page enflammée !

Réunissons maintenant la grande distraction dont il a été question plus haut et l'état habituel d'incandescence dont nous venons de voir les preuves, et nous nous ferons quelque idée de ce que devait être la conversation de Diderot. Nous le connaissons, par la lecture de ses écrits, tel qu'il était la plume à la main, mais on devine que la parole devait ouvrir un champ bien plus libre encore aux saillies, aux caprices, aux boutades de cet être exubérant, de cette imagination vagabonde et scientifique, comme le caractérisait très bien Clément, l'auteur des *Années littéraires*. Tous les contemporains sont d'accord sur la façon de causer de Diderot. Mademoiselle de Lespinasse le trouvait trop discoureur, et plus sentimental que vraiment passionné. Il faut dire qu'elle était exigeante sur ce chapitre. « C'est un homme extraordinaire, écrit-elle à Guibert ; il n'est pas à sa place dans la société ; il devait être chef de secte, un philosophe grec, instruisant, enseignant la jeunesse. Il me plaît fort, mais rien de toute sa manière ne vient à mon âme ; sa sensibilité est à fleur de peau : il ne va pas plus loin que l'émotion. » Le président de Brosses, sans y mettre de prévention, ne laisse pas d'être impatienté de tant de faconde. « C'est un gentil garçon, écrit-il en 1754, bien doux, bien aimable, grand philosophe, fort raisonneur, mais faiseur de digressions perpétuelles. Il m'en fit bien vingt-cinq hier, depuis neuf heures qu'il resta dans ma chambre jusqu'à une heure. »

Si les amis parlent de ce ton, que diront les adversaires? Un pamphlet du temps comparait Diderot aux derviches qui tournent sur eux-mêmes jusqu'à tomber de lassitude. « Martin Zèbre (c'est le nom sous lequel figure notre philosophe dans cet écrit), parlait des heures entières sans remarquer si on l'écoutait, le plus souvent sans s'entendre lui-même. »

Il n'y a donc pas à en douter, Diderot n'entendait rien à la conversation proprement dite. L'entretien, avec lui, tournait tout de suite au monologue, et ce monologue devenait une succession de dissertations sur tous les sujets, dans lesquelles se mêlaient la familiarité et l'éloquence, la véhémence et la bonhomie, l'élévation et la grossièreté, et dont la force démonstrative était appuyée par les gestes les plus animés. Garat nous a laissé la description d'une de ces scènes. Il était fort jeune lorsque, se trouvant en séjour à la campagne chez l'un de ses amis, il apprit que Diderot était au nombre des hôtes du château, et que sa chambre était à côté même de celle du philosophe. Là-dessus grande émotion, grand désir de faire au plus tôt la connaissance d'un personnage si célèbre. Dès le lendemain matin donc Garat va frapper sans plus de cérémonie à la porte de son voisin. Mais je lui laisse la parole : « Diderot ne paraît pas plus surpris de me voir que de revoir le jour. Il m'épargne la peine de lui balbutier gauchement le motif de ma visite. Il le devine apparemment au grand air d'admiration dont je devais être tout saisi. Il m'épargne également les longs détours d'une conversation qu'il fallait absolument amener aux vers et à la prose. A peine il en est question, il se lève, ses yeux se fixent sur moi, et il est très clair qu'il ne me voit plus du tout. Il commence à parler, mais d'abord si bas et si vite que, quoique je sois auprès de lui, quoique je le touche, j'ai peine à l'entendre et à le suivre. Je vois dans l'instant que tout mon rôle dans cette scène doit se borner à l'admirer en silence, et ce parti ne me coûte pas à prendre. Peu à peu sa voix s'élève et devient distincte et sonore ; il était d'abord presque immobile, ses gestes deviennent fréquents et animés. Lui, qui ne m'a jamais vu auparavant, lorsque nous sommes debout m'environne de ses bras ; lorsque nous sommes assis, il frappe sur ma cuisse comme si elle était à lui. Si le discours amène le mot de *lois*, il me fait un plan de législation ; s'il amène le mot *théâtre*, il me donne à choisir entre cinq ou six plans de drames et de tragédies. A propos des tableaux qu'il est nécessaire de mettre sur le théâtre, où l'on doit voir des scènes et non entendre des dialogues, il se rappelle que Tacite est le plus grand peintre de l'antiquité, et il me récite ou me traduit les Annales et les Histoires. Mais combien il est affreux que les barbares aient enseveli sous les ruines des chefs-d'œuvre de l'architecture un si grand nombre des chefs-d'œuvre de Tacite ! Si encore les monuments qu'on a déterrés à Herculanum pouvaient en rendre quelque chose ! Cette espérance le transporte de joie, et là-dessus il disserte comme un ingénieur italien sur les moyens de faire des fouilles d'une manière prudente et heureuse. Promenant alors son imagination sur les ruines de l'antique Italie, il se transporte aux jours heureux des Lélius et des Scipion, où même les nations vaincues assistaient avec plaisir à des triomphes remportés sur elles. Il me joue une scène entière de Térence ; il chante presque plusieurs chansons d'Horace. Il finit enfin par me chanter réellement une chanson pleine de grâce et d'esprit, qu'il a faite lui-même en impromptu dans un souper, et par me réciter une comédie très agréable dont il a fait imprimer un seul exemplaire pour s'épargner la peine de la recopier. Beaucoup de monde entre alors dans son appartement. Le bruit des chaises qu'on avance et qu'on recule le fait sortir de son enthousiasme et de son monologue. Il me distingue au milieu de la compagnie et il vient à moi comme à quelqu'un que l'on retrouve après l'avoir vu autrefois avec plaisir. Il se souvient encore que nous avons dit ensemble des choses très intéressantes sur les lois, sur les drames et sur l'histoire; il a reconnu qu'il y avait beaucoup à gagner dans ma conversation. Il m'engage à cultiver une liaison dont il a senti tout le prix. En nous séparant, il me donne deux baisers sur le front et arrache sa main de la mienne avec une douleur véritable. »

Je veux bien qu'on fasse la part d'une certaine exagération dans le récit de Garat, mais j'avertis le lecteur de ne pas s'imaginer qu'il n'ait ici qu'une caricature. Il est un des traits de la description qu'on vient de lire, et l'un des plus étranges, qui trouve sa confirmation littérale dans une lettre de l'impératrice Catherine à madame Geoffrin. Le philosophe était allé à Saint-Pétersbourg porter ses hommages à sa bienfaitrice. « Votre Diderot, écrit celle-ci, est un homme bien extraordinaire; je ne me tire pas de mes entretiens avec lui sans avoir les cuisses meurtries et toutes noires; j'ai été obligée de mettre une table entre lui et moi pour me mettre, moi et mes membres, à l'abri de sa gesticulation. »

Il est impossible que ce bouillonnement perpétuel de pensées et de passions qui se faisait dans la tête et dans le cœur de Diderot, et qui se trahissait dans ses écrits par tant de verve et dans sa conversation par tant de saillies, ne se fît pas sentir dans sa conduite privée, dans toute l'habitude de sa vie. Nous avons à cet égard le témoignage de sa fille même, madame de Vandeul : « Mon père faisait des épîtres dédicatoires pour les musiciens, j'en ai deux ou trois; il faisait un plan de comédie pour celui qui ne savait qu'écrire; il écrivait pour celui qui n'avait que le talent des plans : il faisait des préfaces, des discours, selon le besoin de l'auteur qui s'adressait à lui. Un homme vint un jour le prier de lui écrire un *Avis au public* pour de la pommade qui faisait croître les cheveux ; il rit beaucoup, mais il écrivit la notice. Cependant il ne travailla pas toujours pour le seul plaisir d'obliger. Il avait abandonné son petit revenu à ma mère, et il ne lui demandait de l'argent que rarement et de très légères sommes. Il était très dissipateur; il aimait à jouer, jouait mal et perdait toujours ; il aimait à prendre des voitures, les oubliait aux portes et il fallait payer une journée de fiacre. Les femmes auxquelles il fut attaché lui ont causé des dépenses dont il ne voulait pas instruire ma mère. Il ne se refusait pas un livre. Il avait des fantaisies d'estampes, de pierres gravées, de miniatures; il donnait ces chiffons le lendemain du jour où il les avait achetés, mais il lui fallait de l'argent pour les payer. Il travaillait donc pour des Corps, pour des magistrats, pour ceux qui pouvaient lui donner le prix de sa besogne sans être gênés. Il a fait des discours d'avocats généraux, des discours au roi, des remontrances de Parlement, et diverses autres choses qui, disait-il, étaient payées trois fois plus qu'elles ne valaient. C'était avec les petites sommes qu'il recevait ainsi qu'il satisfaisait à son goût pour donner et aux petites commodités de la vie. »

Ce désordre de l'homme qui vit au hasard des circonstances semble difficile à concilier, au premier abord, avec l'importance de l'œuvre de Diderot. Mais il faut se rappeler que Diderot n'a pas laissé un seul livre, que tout ce qu'il a fait a été écrit d'inspiration ou d'occasion, enfin qu'il avait une facilité et une capacité de travail prodigieuses. Là est du reste la moralité de l'exemple qu'il nous a laissé : c'est le travail qui l'a racheté.

Je ne suis pas encore au bout d'une tâche que le lecteur est peut-être tenté de trouver longue, mais qui ne peut avoir de valeur qu'à la condition d'être complète. Il me reste à signaler la grande contradiction du caractère de Diderot, je veux dire le contraste entre une élévation et une bassesse de sentiments également incontestables, et à concentrer ainsi sur un point saillant le caractère équivoque de ce génie, le paradoxe disgracieux de cette individualité. Heureusement qu'ici encore Diderot nous fournira les éléments nécessaires, et qu'il se chargera même, en fin de compte, d'établir son propre bilan moral.

Cherchons d'abord chez lui les traces des sentiments qui ne vont guère d'habitude sans quelque noblesse et quelque vertu. Nous avons vu l'ardeur de son amour pour mademoiselle Volland; une lettre à Falconet nous montre que ce sentiment était aussi profond et aussi dévoué qu'il était passionné. Falconet, qui était établi à Saint-Pétersbourg, occupé à sa statue équestre de Pierre le Grand, pressait Diderot de venir remercier en personne la tsarine de ses bienfaits. Diderot s'en défend, et après diverses excuses il arrive au vrai motif : « Que vous dirai-je donc? Que j'ai une amie, que je suis lié par le sentiment le plus fort et le plus doux avec une femme à qui je sacrifierais cent vies si je les avais. Tenez, Falconet, je pourrais voir ma maison tomber en cendres sans en être ému, ma liberté menacée, ma vie compromise, toutes sortes de malheurs s'avancer sur moi sans me plaindre, pourvu qu'elle me restât. Si elle me disait : « Donne-moi donc de ton sang, j'en veux boire, » je m'en épuiserais pour l'en rassasier [1]. Entre ses bras, ce n'est pas mon bonheur, c'est le sien que j'ai cherché! Je ne lui ai jamais causé la moindre peine, et j'aimerais mieux mourir, je crois, que de lui faire verser une larme. A l'âme la plus sensible, elle joint la santé la plus frêle, la plus délicate. J'en suis si chéri et la chaîne qui nous enlace est si étroitement commise avec le fil délié de sa vie que je ne conçois pas qu'on puisse secouer l'une sans risquer de rompre l'autre. Parle, mon ami, parle. Veux-tu que je mette

1. Hum! ne nous hâtons pas trop d'être dupes. Il y a évidemment bien de la rhétorique dans cette éloquence. Le sentiment y est assurément, mais la phrase l'exagère et finit par le fausser.

la mort dans le sein de mon amie? C'est au bout de dix ans que je te parle comme je le fais. J'atteste le ciel qu'elle m'est aussi chère que jamais. J'atteste que ni le temps, ni l'habitude, ni rien de ce qui affaiblit les passions ordinaires, n'a rien pu sur la mienne; que, depuis que je l'ai connue, elle a été la seule qu'il y eût au monde pour moi. Et tu veux qu'un jour, que demain, je me jette à son insu dans une chaise de poste, que je m'en aille à mille lieues d'elle, et que je la laisse seule, désolée, accablée, désespérée! Le ferais-tu? Et si elle en mourait! » La liaison dont il s'agit est tout à fait irrégulière, je l'avoue, mais on ne peut s'empêcher de reconnaître ici un sentiment qui a sa grandeur, sa beauté.

Ces mêmes instances de Falconet pour engager Diderot à aller en Russie le conduisent à se donner à lui-même un témoignage d'honnêteté et de sincérité que l'on sent être véridique. « Moi, dans une cour! s'écrie-t-il, moi que vous connaissez pour la droiture, la candeur incarnées! moi qui n'ai qu'un mot! moi dont l'âme est toujours sur la main! moi qui ne sais ni mentir ni dissimuler! Aussi incapable de dissimuler mes affections que mes dégoûts! d'éviter un piège que de le tendre! Avez-vous bien pensé à cela? »

Il ne faut pas croire, parce que Diderot est un écrivain licencieux, qu'il approuve ou même qu'il supporte les pires mœurs de son temps. Il n'y tient pas quelquefois d'indignation. Mademoiselle d'Ette, si connue par les Mémoires de madame d'Épinay, était au Grandval ; Diderot l'y rencontre et raconte son histoire à Sophie. « Elle est bien née, écrit-il. Le chevalier de Valory l'enleva de la maison paternelle à l'âge de quatorze ans, en vécut une quinzaine avec elle, la déshonora, lui fit des enfants, lui promit de l'épouser, s'entêta d'une autre et la planta là. Et voilà ce qu'on appelle d'honnêtes gens ! Ils ont de ces actions par devers eux ; ils s'en souviennent, on le sait, et cependant ils vont tête levée. Ils vous parlent vice et vertu sans bégayer, sans rougir. Ils louent, ils blâment ; personne n'est plus difficile en procédés ; cela va jusqu'au scrupule : il faut entendre comme ils en décident. Je m'y perds. A leur place, je me cacherais dans un trou, je ne sortirais plus, ou, à la rencontre de mes connaissances, j'entrerais dans une allée et je fermerais la porte sur moi. Au nom de l'honnêteté mon visage se décomposerait, et la sueur me coulerait le long du visage. »

Les propos de ses amis scandalisent Diderot parfois tout aussi bien que les mœurs du grand monde. On sait combien il admirait Grimm, et quel charme avait pour lui l'esprit de l'abbé Galiani. Cela ne l'empêche pas d'être blessé de leur manque de principes. « Grimm a un peu déplu à madame d'Épinay ; il ne désapprouvait pas assez le propos d'un homme de notre connaissance, appelé M. Venel, qui disait qu'il fallait garder la probité la plus scrupuleuse avec ses amis, mais que c'était une duperie d'en user mieux avec les autres qu'ils n'en useraient avec nous. Nous soutenions, elle et moi, qu'il fallait être homme de bien avec tout le monde sans distinction. L'abbé Galiani m'a beaucoup déplu à moi, en confessant qu'il n'avait jamais pleuré de sa vie, et que la perte de son père, de ses frères, de ses sœurs, de ses maîtresses, ne lui avait pas coûté une larme. Il m'a paru que cet aveu n'avait pas moins choqué madame d'Épinay. »

Il y a des moments, enfin, où Diderot a de véritables bouffées d'enthousiasme pour la vertu, où la vue d'une belle action lui communique un ébranlement dont il se plaît à noter les symptômes physiques avec une curieuse minutie. « Chère femme, écrit-il, à Sophie, combien je vous aime! combien je vous estime! En dix endroits votre lettre m'a pénétré de joie. Je ne saurais vous dire ce que la droiture et la vérité font sur moi. Si le spectacle de l'injustice me transporte quelquefois d'une telle indignation que j'en perds le jugement, et que, dans ce délire, je tuerais, j'anéantirais, aussi celui de l'équité me remplit d'une douceur, m'enflamme d'une chaleur et d'un enthousiasme où la vie, s'il fallait la perdre, ne tiendrait à rien. Alors il me semble que mon cœur s'étend au dedans de moi, qu'il nage; je ne sais quelle sensation délicieuse et subite me parcourt partout; j'ai peine à respirer; il s'excite à toute la surface de mon corps comme un frémissement; c'est surtout au haut du front, à l'origine des cheveux qu'il se fait sentir, et puis les symptômes de l'admiration et du plaisir viennent se mêler sur mon visage avec ceux de la joie et mes yeux se remplissent de pleurs. »

Les idées de Diderot sur le but des arts et leurs rapports avec la morale trouvent ici leur place naturelle. Il pose cette question, qui, dit-il, « n'est pas aussi ridicule qu'elle le paraîtra : Peut-on avoir le goût pur, quand on a le cœur corrompu ? » Il y revient sous une autre forme dans une lettre à Falconet. « Une belle âme, dit-il, ne va guère avec un goût faux, et si l'on me cite quelques exemples du contraire, je répondrai toujours que ces hommes auraient eu le tact encore plus fin s'ils avaient eu le cœur plus droit. » Ailleurs, enfin, dans son Salon de 1767, à propos du *Coucher de la mariée* : « Rien ne prouve mieux que l'exemple de Baudoin combien les mœurs sont essentielles au bon goût... Artistes, si vous êtes jaloux de la durée de vos ouvrages, je vous conseille de vous en tenir aux sujets honnêtes. Tout ce qui prêche aux hommes la dépravation est fait pour être détruit. Il ne subsiste plus aucune des estampes que Jules Romain avait composées d'après l'impur Arétin. La probité, la vertu, l'honnêteté, le scrupule, le petit scrupule superstitieux font tôt ou tard main basse sur les productions déshonnêtes. »

Il y a des moments, avec Diderot, où l'on

croit presque avoir affaire à un rigoriste, et même à un rigoriste passablement prêcheur. L'illusion, dans tous les cas, ne dure pas. L'écrivain se charge très vite de nous rappeler que la profession des meilleurs principes est compatible avec bien des faiblesses. Il le reconnaît du reste et ne craint pas de montrer qu'il allie les goûts de la chair à ceux de l'esprit. Il déclare qu'il ne méprise nullement les plaisirs des sens. Il célèbre la volupté en termes que je n'ai garde de transcrire. Une partie de débauche, avec des amis, ne lui répugne pas. Seulement, ajoute-t-il, « il m'est infiniment plus doux encore d'avoir secouru le malheureux, d'avoir terminé une affaire épineuse, donné un conseil salutaire, fait une lecture agréable, une promenade avec un homme ou une femme chère à mon cœur, passé quelques heures instructives avec mes enfants, écrit une bonne page, rempli les devoirs de mon état, dit à celle que j'aime quelques choses tendres et douces qui amènent ses bras autour de mon cou ».

La contradiction, si contradiction il y a, n'a rien de très surprenant dans une constitution telle que celle de notre écrivain. Sensibilité et sensualité font souvent bon ménage. Mais on ne vit pas longtemps dans le commerce de Diderot sans se heurter à quelque chose de plus grave. Je veux parler de son goût pour l'ordure. Et le pis est qu'il ne s'agit pas ici de laisser aller; Diderot ne s'excuse point, il ne se reproche rien, il tire plutôt vanité de sa supériorité en ce genre. C'est ainsi qu'il se vante de savoir par cœur « les trois quarts des petits madrigaux infâmes de Catulle ». Et sa plume n'est pas plus chaste que ses lectures ou ses paroles. Diderot est l'auteur de trois romans dont l'un, *la Religieuse*, renferme la description complaisante d'une passion infâme, dont l'autre, *Jacques le Fataliste*, est plein d'anecdotes grivoises, et dont le troisième est tout simplement un livre immonde. Débauche d'esprit, dira-t-on. Nullement. Diderot est foncièrement obscène, il l'est avec délices et il l'est partout. Il est toujours prêt à glisser quelque vilenie dans ce qu'il écrit. Il en a sali le *Rêve de d'Alembert*. Ses lettres à Sophie en sont remplies. Cet homme ne respecte pas assez la femme qu'il aime pour lui épargner des propos équivoques et des anecdotes révoltantes. Diderot, en ces endroits-là, devient un être véritablement répugnant.

Je rencontre une épigraphe faite au xviiie siècle pour être inscrite sous son portrait :

Romancier, philosophe, enthousiaste et fin,
Diderot égala Bacon et l'Arétin.

Le choix du second de ces deux noms propres pour caractériser le génie de l'écrivain français montre le genre de réputation que celui-ci avait déjà de son temps. Notez que Diderot lui-même accolait tout à l'heure à ce nom l'épithète d'*impur*. Il n'y a, au surplus, à cet égard ni doute ni excuse. J'en suis fâché pour les fanatiques, pour ceux qui ne savent goûter notre philosophe et l'admirer qu'en supprimant toute distinction et en abdiquant toute critique : les pieds de leur idole trempent dans la boue.

On voit que je n'ai pas cherché à atténuer la contradiction qu'offre le caractère de Diderot. D'un côté des émotions généreuses et parfois élevées, de l'autre une imagination ordurière qui n'est pas un simple travers de l'esprit, comme on voudrait nous le faire croire, mais qui est une preuve de dépravation, et qui, dans tous les cas, est incompatible avec la pudeur, avec la dignité personnelle, avec la distinction morale. Il y a en Diderot deux sources toujours également prêtes à jaillir, l'une de sensibilité aimable et d'honnêtes sentiments, l'autre de propos grossiers et infects. Comme la jeune fille enchantée du conte de Perrault, il ouvre la bouche tour à tour pour répandre des perles et pour vomir des monstres. Aussi l'impression totale que laissent ses écrits est-elle étrangement mêlée. Diderot est bien l'homme vertueux et sensible du xviiie siècle : il inspire de l'intérêt, de l'affection même, si l'on veut, mais une affection et un intérêt qui n'ont absolument rien de commun avec le respect.

III

Les amis de Diderot l'appelaient d'habitude : « le Philosophe ». Lui-même acceptait et prenait ce nom. Il le devait probablement au ton habituel de sa conversation, à sa manière de généraliser les questions, de leur donner un tour spéculatif. Il est certain, en tout cas, que les contemporains de Diderot avaient touché juste : ce polygraphe, qui a dispersé ses talents sur tant de sujets, était avant tout un penseur préoccupé des problèmes les plus vastes, l'univers, son origine, sa destinée.

Diderot est, par excellence, le philosophe du xviii° siècle. Il a même eu cette rare fortune que les progrès de la pensée et de la science l'ont rajeuni au lieu de le vieillir; ce n'est que de nos jours qu'on a compris tout ce qu'il y avait de vive intuition, de divination supérieure dans cet esprit qui, au premier abord, il faut l'avouer, paraîtrait plutôt diffus et confus.

Les écrits philosophiques de Diderot ne sont pas nombreux, et il s'en faut de beaucoup qu'ils aient tous une égale importance. Les vues de l'auteur subirent, avec l'étude et la réflexion, de grands changements, et ses livres portent la trace des tâtonnements comme des progrès successifs de sa pensée. Ajoutons qu'il n'a rien publié de systématique ni de complet. Les ouvrages dans lesquels nous avons à puiser ne sont guère que des pamphlets, des écrits d'occasion, les saillies d'un homme qu'une idée obsède et qui n'a de repos qu'après l'avoir fixée par écrit. Ce ne serait pourtant pas là tout à fait le cas des *Pensées philosophiques*, s'il est vrai qu'elles furent composées pour gagner quelques louis dont madame de Puisieux avait besoin. Ce fut le début de Diderot; il avait alors trente-trois ans. L'ouvrage se composait de réflexions, jetées pêle-mêle, sur l'athéisme, le scepticisme, les miracles, la religion. Il s'y trouvait des choses très hardies, allant très loin, puis, tout à côté, des professions de foi déistes, voire orthodoxes, mais qui n'empêchèrent pas le parlement de condamner l'ouvrage au feu. La *Promenade d'un sceptique*, qui est de l'année suivante (1747), semble confirmer l'opinion que l'auteur, à cette époque, en était encore au déisme, à ce qu'on appelle la religion naturelle ; l'écrit, au surplus, est sans importance : on peut le négliger. Il n'en est pas de même de la *Lettre sur les aveugles*, qui parut en 1749 et qui fit enfermer son auteur à Vincennes. Je ne dirai pas que celui-ci l'avait mérité, mais j'avoue qu'il n'y pas lieu d'en être surpris. Diderot, pour le coup, avait rompu avec toutes les traditions. Singulière composition, d'ailleurs, que cette lettre, et où il est inutile de chercher aucun ordre. L'auteur commence par raconter sa visite à un aveugle et par noter les observations qu'il a faites sur les idées d'un être privé d'un sens aussi capital que la vue. Il passe ensuite à l'histoire de Saunderson, mathématicien anglais qui avait été aveugle de naissance, et c'est là, dans un récit supposé des derniers moments de ce savant, que Diderot a glissé ses plus grosses hardiesses. Le reste du livre traite des connaissances de l'homme dans leurs rapports avec les sens.

A partir de la *Lettre sur les aveugles,* la philosophie de Diderot prend un caractère particulier et très digne d'attention. Diderot n'a point une philosophie dans le sens que le mot avait pris avant lui et qu'il conserve encore de nos jours. Il laisse la métaphysique de côté. Il écarte les notions abstraites de substance, de cause, de force, etc. Sa spéculation est essentiellement concrète. Il cherche à coordonner les éléments de la réalité, à les ramener, autant que possible, à l'unité; il ne recule pas à cet effet devant les hypothèses, mais il ne quitte point terre pour cela. Ce n'est pas lui qui ferait comme le Théodore et l'Ariste de Malebranche, se renfermant dans une chambre et tirant les rideaux afin de consulter sans distraction la vérité intérieure, puis débutant par cette lumineuse proposition : « Le néant n'a point de propriétés ! » Le tour positif de la pensée de Diderot s'accuse principalement dans les pensées détachées qu'il a intitulées : *De l'interprétation de la nature* (1754), et qui pourraient s'appeler : *De la méthode expérimentale*. L'auteur s'y montre préoccupé de l'attente d'une grande révolution qui va se produire, du règne des sciences naturelles dont il proclame l'avénement. Il lance des conjectures dont plusieurs semblent naturellement puériles aujourd'hui, mais non sans y mêler d'excellents conseils sur la méthode à suivre dans l'étude qu'il recommande. L'écrit, en somme, est un amalgame de vues et de banalités, de profondeur et de fatras. On fera bien d'y joindre le fragment, publié par Naigeon, *Sur la matière et le mouvement*, et les notes que Diderot avait écrites pour son usage et qui paraissent maintenant pour la première fois, dans l'édition de M. Assézat, sous le titre d'*Eléments de physiologie*. Ces pages, rapidement tracées, renferment quelques-unes des plus fortes pensées de Diderot.

La vue d'ensemble nous manquerait, la philosophie de Diderot n'aurait pas trouvé sa forme complète et en même temps sa forme littéraire, s'il ne nous avait laissé l'*Entretien avec d'Alembert* et le *Rêve* qui fait suite à cet entretien. Ces conversations sont le plus ingénieux, le plus inattendu, le plus extraordinaire des ouvrages de l'auteur. Il y a mis ses idées sur toutes choses, la physiologie, la psychologie, la morale, la religion, il y a mis toute la pénétration intuitive de son esprit, tout son instinct des grandes questions et de leur solution, et il y a fait preuve en même temps d'une suite dans le raisonnement qui ne lui est pas habituelle. C'est véritablement un tout scientifique. On reconnaît dans ces pages le résultat définitif auquel étaient arrivées vingt-cinq années d'étude et de méditation. Diderot, au surplus, en jugeait lui-même ainsi. Il avait un faible pour ce travail : « Il n'est pas possible d'être plus profond et plus fou », écrit-il à mademoiselle Volland, en 1769, au moment où il venait de finir le second dialogue. « C'est de la plus haute extravagance, répète-t-il quelques jours après, et tout à la fois de la philosophie la plus profonde. » Et dans une lettre d'envoi à mademoiselle de Lespinasse : « Tels qu'ils sortirent de ma tête, ces dialogues étaient, avec un certain mémoire de mathématiques que je me résoudrai peut-être à publier un jour, les seuls d'entre mes ouvrages dans lesquels je me complaisais. Il restera peu de chose à savoir dans ce genre de métaphysique à celui qui aura la patience de les relire deux ou trois fois et de les entendre [1]. »

J'ai dit que la philosophie de Diderot est une philosophie concrète, non pas une ontologie, mais un système de la nature. Sa méthode, il le déclare, est celle des physiciens, essentiellement expérimentale. Ses idées sur les droits et les limites de la conjecture sont à la fois fines et justes. Il n'a garde de dédaigner « cet esprit de divination par lequel on *subodore*, pour ainsi dire des procédés inconnus, des expériences, nouvelles, des résultats ignorés », mais il sait lui assigner ses

---

[1]. Cette « lettre d'envoi, » jusqu'ici inédite, se trouve en tête du manuscrit de la bibliothèque de l'Ermitage, d'après lequel M. Assézat a imprimé les *Éléments de physiologie*. Voy. *Œuvres*, tome IX, p. 251.

limites. « Quand on a formé dans sa tête, dit-il, un de ces systèmes qui demandent à être vérifiés par l'expérience, il ne faut ni s'y attacher opiniâtrément, ni l'abandonner avec légèreté. Il faut mesurer sa constance sur le degré de l'analogie. Les idées absolument bizarres ne méritent qu'un premier essai ; il faut accorder quelque chose de plus à celles qui ont de la vraisemblance, et ne renoncer, que quand on est épuisé, à celles qui promettent une découverte importante. » Toutes les notions générales, toutes les idées directrices de Diderot ont le même caractère de rigueur scientifique. Il veut qu'on abandonne le *pourquoi* pour ne s'occuper que du *comment*, car, dit-il « le *comment* se tire des êtres, le *pourquoi* de notre entendement ». Il demande qu'on laisse les causes pour ne parler que « d'après les faits ». Il se défie des abstractions, des entités arbitraires. La force, par exemple, n'est pas pour lui distincte de la matière : « La molécule, douée d'une qualité propre à sa nature, est par elle-même une force active. Le repos absolu est un concept abstrait qui n'existe point en nature, et le mouvement est une qualité aussi réelle que la longueur, la largeur et la profondeur. » Et, avec sa vivacité habituelle, il ajoute : « Que m'importe ce qui se passe dans votre tête? Que m'importe que vous regardiez la matière comme homogène ou hétérogène? Que m'importe que, faisant abstraction de ses qualités et ne considérant que son existence, vous la voyiez en repos? Que m'importe qu'en conséquence vous cherchiez une cause qui la meuve? Vous ferez de la géométrie et de la métaphysique tant qu'il vous plaira; mais moi, qui suis physicien et chimiste, qui prends les corps dans la nature et non dans ma tête, je les vois existants, divers, revêtus de propriétés et d'actions et s'agitant dans l'univers comme dans le laboratoire. »

Je relève ce caractère de la pensée de Diderot, parce que c'est le goût ou la répugnance pour les notions métaphysiques qui séparent proprement les esprits spéculatifs en deux familles, la pensée humaine en deux courants. Toutes les vues de notre philosophe se ressentent de sa défiance pour les abstractions, pour les distinctions imaginaires. Il se refuse à croire qu'un phénomène soit expliqué parce qu'on a inventé à cet effet une cause spéciale, et qu'à cette cause on a donné un nom. C'est ainsi, nous venons de le voir, qu'il est arrivé à l'identité de la matière et de la force; c'est ainsi encore qu'il va s'élever à l'unité de la substance : « Il n'y a qu'une substance dans l'univers, dans l'homme, dans l'animal. La serinette est de bois, l'homme est de chair; le serin est de chair, le musicien est d'une chair diversement organisée; mais l'un et l'autre ont une même origine, une même formation, les mêmes fonctions et la même fin. » On voit que la différence entre le monde organique et le monde inorganique n'arrête pas notre penseur. « Il est évident que la matière en général est divisée en matière morte et en matière vivante; mais comment se peut-il faire que la matière ne soit pas une, ou toute vivante, ou toute morte? La matière vivante est-elle toujours vivante? Et la matière morte est-elle toujours et réellement morte? La matière vivante ne meurt-elle point? La matière morte ne commence-t-elle jamais à vivre? » Le passage suivant sur l'unité essentielle des forces est encore plus surprenant : « De même qu'en mathématiques, en examinant toutes les propriétés d'une courbe, on trouve que ce n'est que la même propriété présentée sous des faces différentes, on reconnaîtra dans la nature, lorsque la physique expérimentale sera plus avancée, que tous les phénomènes, ou de la pesanteur, ou de l'élasticité, ou de l'attraction, ou du magnétisme, ou de l'électricité, ne sont que des faces différentes de la même affection. » Le lecteur reste confondu quand, dans un autre endroit du même écrit sur *l'interprétation de la nature,* il entend Diderot exprimer l'idée que le magnétisme et l'électricité dépendent des mêmes causes, se demander si ce ne seraient pas des effets du mouvement de rotation du globe, et, par une conjecture d'un bonheur qui a été rarement égalé, aller jusqu'à expliquer les aurores boréales par l'électricité.

Les notions de Diderot sur la matière et la force déterminent naturellement ses vues sur la vie, l'origine des êtres et la formation des espèces. La vie est, à ses yeux, « une suite d'actions et de réactions ». Il n'est pas loin de croire « que l'animalité avait de toute éternité ses éléments particuliers épars et confondus dans la masse de la matière ; qu'il est arrivé à ces éléments de se réunir parce qu'il était possible que cela se fît ; que l'embryon formé de ces éléments a passé par une infinité d'organisations et de développements ; qu'il a eu, par succession, du mouvement, de la sensation, des idées, de la pensée, de la réflexion, de la conscience, des sentiments, des passions, des signes, des gestes, des sons, des sons articulés, une langue, des lois, des sciences et des arts; qu'il s'est écoulé des millions d'années entre chacun de ces développements; qu'il a peut-être encore d'autres développements à subir et d'autres accroissements à prendre qui nous sont inconnus ». La nature, selon Diderot, n'a probablement jamais produit qu'un seul acte. Tout porte à croire qu'il n'y a jamais eu qu'un premier animal, prototype de tous les autres, « dont la nature n'a fait qu'allonger, raccourcir, transformer, multiplier, oblitérer certains organes ». Pure hypothèse, dira-t-on; oui, répondra Diderot, mais une hypothèse qu'il faut embrasser « comme essentielle au progrès de la physique expérimentale, à celui de la philosophie rationnelle, à la découverte et à l'explication des phénomènes qui dépendent de l'organisation ». (*Interprétat. de la nature.*)

Ne voilà-t-il pas Lamarck et Darwin anticipés [1] ?

Aucun des éléments du transformisme moderne ne manque d'ailleurs à la théorie de Diderot. Il suppose que ce sont les organes qui produisent les besoins, et réciproquement les besoins qui produisent les organes. La double loi de la concurrence vitale et de la sélection est nettement énoncée. L'ordre relatif, l'harmonie que l'on signale aujourd'hui dans la nature vient de ce que les monstres se sont anéantis successivement :
« Toutes les combinaisons vicieuses de la matière ont disparu et il n'est resté que celles où le mécanisme n'impliquait aucune con-

[1]. Diderot avait noté, avant Darwin, les fonctions digestives de la *Dionœa*. Après avoir décrit la manière dont cette plante attrape et dévore sa proie, il signalait dans ce phénomène « la contiguïté du règne animal et du règne végétal. » « Voilà, disait-il, une plante presque carnivore. »

tradiction importante et qui pouvaient subsister par elles-mêmes et se perpétuer » [1]. Mais il y a un poète aussi bien qu'un savant dans notre philosophe, et il ne faudra pas s'étonner s'il quitte la terre pour se lancer dans les considérations les plus vastes : « Tous les êtres circulent les uns dans les autres, écrit-il, par conséquent toutes les espèces. Tout est un flux perpétuel. Tout animal est plus ou moins homme, tout minéral est plus ou moins plante, toute plante est plus ou moins animal. Il n'y a rien de précis en nature. Il n'y a qu'un seul grand individu, c'est le tout... Il n'y a que le tout qui reste. Le monde commence et finit sans cesse; il est à chaque instant à son commencement et à sa fin; il n'en a jamais eu et n'en aura jamais

---

[1]. *Lettre sur les aveugles.*

d'autre. » Ailleurs, dans un passage qu'on est étonné de rencontrer au milieu du *Voyage à Bourbonne*, Diderot porte ses regards plus haut encore et plus loin ; il fait intervenir les astres dans les destinées de la terre ; les planètes se précipitent dans le soleil pour y être dévorées. « Que diront nos neveux, se demande-t-il, lorsqu'ils verront Mercure se perdre dans ce gouffre enflammé? Pourront-ils s'empêcher d'y prévoir leur sort à venir? Si, du milieu de leur terreur, ils ont le courage d'agrandir leurs idées, ils prononceront que toutes les parties du grand tout s'efforcent à s'approcher, et qu'il est un instant où il n'y aura qu'une masse générale et commune. »

Si la force, ou, pour parler plus exactement, si le mouvement est inhérent à la matière, il n'y a pas davantage de difficulté à admettre que la sensibilité physique soit une propriété de la matière, ou, du moins, un résultat de l'organisation, et à en déduire ensuite les opérations de l'entendement [1]. On dit que la sensibilité est essentiellement incompatible avec la matière; mais de quel droit? Connaissons-nous l'essence de quoi que ce soit, de la matière ou de la sensibilité? Entendons-nous mieux la nature du mouvement, son existence dans un corps, sa communication d'un corps à un autre? Soyons physiciens et convenons de la production d'un effet lorsque nous le voyons produit, lors même que nous ne pouvons expliquer la liaison de la cause à l'effet. Soyons logiques et ne recourons pas à une cause qui ne se conçoit pas, dont la liaison avec l'effet se

---

[1]. *Réfutation de l'ouvrage d'Helvétius intitulé*: l'Homme.

conçoit encore moins, qui engendre une multitude infinie de difficultés et qui n'en résout aucune [1]. Ce qu'on appelle l'action de l'âme sur le corps n'est autre chose que l'action d'une partie du corps sur une autre [2]. Descartes a dit : Je pense, donc j'existe ; il faut dire avec Hobbes : Je sens, je pense, je juge, donc une portion de matière organisée comme moi peut sentir, penser et juger [3]. Il est clair après cela que l'automatisme n'est pas loin. Nous avons déjà entendu l'auteur définir la vie une suite d'actions et de réactions. L'*Entretien avec d'Alembert* s'exprime dans le même sens. « Nous sommes, y est-il dit, des instruments doués de sensibilité et de mémoire. Nos sens sont au-

---

1. *Entretien entre d'Alembert et Diderot.*
2. *Éléments de physiologie.*
3. *Réfutation d'Helvétius.*

tant de touches qui sont pincées par la nature qui nous environne, et qui se pincent souvent elles-mêmes. » Et dans un autre ouvrage : « La différence de la machine de fer ou de bois et de la machine de chair, c'est que dans celle-là les mouvements nécessaires ne sont accompagnés ni de conscience, ni de volonté, et que dans celle-ci, également nécessaires, ils sont accompagnés de conscience et de volonté. » Et la volonté elle-même qu'est-elle donc? L'acquiescement ou l'attrait senti [1].

Reste à disposer de Dieu. Mais Dieu, dans les systèmes, suit toujours le sort de l'âme. La création remplacée par l'éternité de la matière et du mouvement, on ne voit pas trop quel rôle jouerait un être suprême et

---

1. *Éléments de physiologie*, t. IX, p. 326 *et* 375.

créateur. Le fait est que Diderot a fait comme l'auteur de la *Mécanique céleste*, il s'est dispensé d'une hypothèse qui, au lieu de résoudre la difficulté pour laquelle on l'imagine, — ce sont ses expressions, — en fait éclore une multitude d'autres [1]. Il est à remarquer, du reste, que Diderot, sur ce point, ne procède jamais par négation directe, mais se contente d'insister sur l'inutilité scientifique d'une intervention surnaturelle. « Si la nature nous offre un nœud difficile à délier, fait-il dire à Saunderson, laissons-le pour ce qu'il est, et n'employons pas à le couper la main d'un être qui devient ensuite pour nous un nouveau nœud plus indissoluble que le premier. » La même objection, dans les *Pensées philosophiques*, est également

---

1. *Lettre à mademoiselle Volland* du 20 octobre 1760.

prêtée à un interlocuteur imaginaire : « L'éternité du monde n'est pas plus incommode que l'éternité d'un esprit; parce que je ne conçois pas comment le mouvement a pu engendrer cet univers qu'il a si bien la vertu de conserver, il est ridicule de lever cette difficulté par la supposition d'un être que je ne conçois pas davantage. »

Tout cela est bien affirmatif, mais il ne faut pas croire que Diderot se fasse illusion sur la valeur de ses assertions. Il est surtout un chercheur, il essaie des hypothèses comme on essaie des clefs à une porte, et s'il a l'air quelquefois trop sûr de son fait, c'est que la clef ce jour-là lui a paru tourner dans la serrure et qu'il est encore sous le charme de la surprise. Ajoutons qu'il se laisse entraîner par l'objet qu'il poursuit, la cause qu'il défend, l'adversaire qu'il combat au moment où il tient la plume. Diderot parlait d'expérience lorsqu'il disait finement « qu'il se mêle, dans les écrits et les discours des hommes les plus modérés et les plus judicieux, toujours un peu d'exagération de métier ».

L'*Entretien avec d'Alembert* est de 1769 ; quatre ou cinq ans après, Diderot, alors en Hollande, griffonnait sur les marges du livre une réfutation de l'ouvrage posthume d'Helvétius intitulé *De l'homme*. Il était agacé de la simplicité sophistique d'un système qui supposait tous les hommes égaux de naissance, attribuait au hasard toutes les différences qui les distinguent, ramenait toutes nos facultés à la sensibilité et tous nos mobiles à la sensation douloureuse ou agréable. Diderot, dans son irritation, se plaisait à montrer que les solutions mêmes sur lesquelles il était d'accord avec Helvétius n'étaient pas si simples que celui-ci se le figurait. Que nous ne soyons en définitive qu'une portion de matière organisée, ce n'est pas une raison pour supprimer la distinction entre la physique et la morale [1]. Que la sensibilité soit une propriété générale de la matière, ou du moins de l'organisation, ce n'est pas une raison pour oublier ce qui différencie un être d'un autre : « Je suis homme, déclare notre écrivain, et il me faut des causes propres à l'homme » [2]. Cette sensibilité, propriété générale de la matière, Diderot l'admet; c'est même l'une de ses idées favorites, mais ce n'est pourtant qu'une supposition, il le rappelle, « et une supposition qui tire toute sa force des difficultés dont elle débarrasse,

---

1. *Œuvres*, t. II, p. 303.
2. *Ibid.* p. 300.

ce qui ne suffit pas en bonne philosophie »[1].
Il voit, dans le développement de l'œuf, la matière organisée passer, par des agents purement physiques, de l'inertie à la sensibilité et à la vie, mais, dit-il, la liaison nécessaire de ce passage lui échappe [2]. Il est vrai que, pour le coup, notre philosophe en demandait trop, car saisit-on jamais la nécessité, c'est-à-dire la raison dernière d'un phénomène? Expliquer un fait, est-ce autre chose que le faire rentrer dans la série de ceux qui nous sont déjà connus, que le ramener à l'analogie des données de l'expérience? Et s'il nous échappe par sa nature, par son rang dans la série des causes et des effets, s'il est élémentaire, primitif, s'il constitue le premier anneau auquel tient le reste de la chaîne, irons-

---

1. *Œuvres*, t. II, p. 302.
2. *Ibid.* p. 301.

nous, avec les métaphysiciens, lui supposer une cause inventée tout exprès? N'est-ce pas une pure tautologie que de rendre compte de l'être vivant par un quelque chose qui s'appelle la vie, de l'intelligence et la volonté par un principe pensant et voulant, de la conscience du moi par une entité personnelle? Un peu plus et l'on ferait comme Dante, qui expliquait la vue par une force visuelle, *lo spirto visivo* [1]. Nul, je me hâte de le reconnaître, n'est en général plus éloigné de ces travers que Diderot, et cependant il est sur la voie qui y conduit, il oublie les lois de la connaissance humaine lorsqu'il se plaint de ne pouvoir saisir dans son essence le phénomène de la sensibilité et de la vie.

Diderot s'est montré plus fidèle à sa mé-

---

1. *Paradiso*, XXVI, 71; XXX, 47.

thode habituelle lorsqu'il a rencontré, dans sa réfutation d'Helvétius, cette question de l'unité du moi qu'il avait essayé de résoudre, dans l'*Entretien avec d'Alembert,* au moyen de diverses comparaisons, tantôt les abeilles réunies en grappe, tantôt l'araignée et sa toile. Il oppose avec beaucoup de raison à Helvétius que la sensation ne peut instituer un rapport, ni par conséquent un jugement, qu'il faut un juge commun des sensations et un organe qui en garde la trace, qu'autrement « il n'y aurait aucune conscience de l'animal ou de l'homme entier [1] ». Diderot, cette fois-ci, se garde bien de demander le comment du fait qu'il constate ; il se contente de le localiser, de le rapporter à l'origine du réseau sensible, au cerveau, ou comme il s'ex-

---

1. *Œuvres,* t. II, p. 337.

prime encore, aux méninges [1]. Mais que sait-on du cerveau? La réponse est simple : c'est qu'il n'y a pas à sortir de l'observation. Peut-être n'a-t-on pas encore assez étudié l'organe dont il s'agit, « il se peut même qu'en l'étudiant beaucoup on n'y entende pas davantage, » mais, en attendant, l'expérience est là qui nous montre que nos opérations intellectuelles dépendent de la santé ou de la maladie de notre cervelle [2].

N'oublions pas que c'est au sensualisme d'Helvétius que Diderot a affaire. Sa réponse au spiritualisme aurait naturellement été différente. Il aurait affirmé, avec la physiologie moderne, que toute fonction vitale a son organe, et que l'intelligence est au cerveau comme la respiration est au poumon ou la

1. *Œuvres*, t. II, p. 141, 152, 169, 318, 335 et suiv. 361.
2. *Ibid*. p. 335.

digestion à l'estomac. Il ne se serait probablement pas exprimé avec la précision de Claude Bernard, mais il aurait pensé comme lui qu'il n'y a, sous ce rapport, aucune distinction à faire entre nos divers organes. « C'est par une vaine subtilité qu'on a pu dire que le cerveau est simplement le *substratum*, et non l'organe véritable de l'intelligence. On ne saurait comprendre qu'un appareil quelconque de la nature humaine pût être le siège d'un phénomène sans en être l'instrument [1]. »

Nous voici parvenus aux questions moins spéculatives, plus rapprochées du sens intime, plus directement liées à la pratique de la vie et à la conduite des sociétés, et qui, par

---

[1]. Claude Bernard, *La science expérimentale*, p. 402.

suite, sont souvent tenues pour la pierre de touche des systèmes : je veux parler de la liberté morale et de la responsabilité de l'homme.

Il est certain que l'unité de principe, que la conception moniste de l'univers, comme on dit, ne saurait être favorable au libre arbitre. Prenons garde, cependant, d'oublier que le même reproche atteint tout système de la nature, toute explication scientifique du monde, la science supposant l'enchaînement rigoureux des causes et des effets et ne pouvant, sans abdiquer, admettre un facteur qui défierait le calcul. Si la liberté, selon la définition de Kant, est la faculté d'introduire dans la suite des choses humaines un commencement absolu, nous nous trouvons avec elle en présence d'un élément quasi surnaturel, échappant à toute loi, incapable par conséquent de devenir un objet d'observation rigoureuse. Diderot était à la fois trop logique et trop hardi pour essayer de se soustraire aux conditions de sa propre conception. Il n'hésite point à croire que le monde physique et le monde moral ne font qu'un [1]. Il déclare que, si l'enchaînement des causes et des effets qui forment la vie d'un homme depuis le moment de sa naissance jusqu'à son dernier soupir nous était connu, nous resterions convaincus que cet homme n'a fait que ce qu'il était nécessaire de faire [2]. Il donne comme irréfutable le raisonnement suivant : « Quelle que soit la somme des éléments dont je suis composé, je suis un; or, une cause n'a qu'un effet; j'ai toujours été une cause une, je n'ai donc jamais eu qu'un

1. *Paradoxe sur le comédien.*
2. *Jacques le Fataliste.*

effet à produire [1]. » La volonté n'est pas une faculté abstraite d'agir sans autre raison que cette volonté même. « Est-ce qu'on veut de soi? s'écrie Diderot. La volonté naît toujours de quelque motif intérieur ou extérieur, de quelque impression présente, de quelque réminiscence du passé, de quelque passion, de quelque projet dans l'avenir. Après cela je ne vous dirai de la liberté qu'un mot, c'est que la dernière de nos actions est l'effet nécessaire d'une cause une : nous, — très compliquée, mais une. »

Ce n'est pas que le langage de notre auteur paraisse toujours rigoureusement d'accord avec ces données. On est rarement conséquent avec soi-même en ces matières. Diderot, au beau milieu de ses arguments contre

---

1. *Jacques le Fataliste.*

le libre arbitre, nous parlera des efforts d'un homme pour dominer ses dispositions naturelles, pour se rendre maître de ses mouvements, pour conserver son empire sur lui-même. L'inconséquence apparente semble plus grande encore lorsqu'on voit ce vigoureux penseur travailler à rendre compte de l'unité du moi, à constituer la conscience, le *ego* humain. Car c'est à cela que revient en définitive la question. S'il n'y a pas de liberté, pas de source d'action propre, pas de faculté d'initiative, en un mot pas de point de départ réel et absolu dans l'homme, s'il n'est que le lieu d'un enchaînement de causes et d'effets, d'où vient le sentiment, l'affirmation de sa vie individuelle? En quoi consiste sa personnalité? Comment se fait-il qu'il dise *je?* La difficulté semble même s'accroître pour Diderot qui, par une de ces anticipations de la science moderne si fréquentes chez lui, reconnaît l'indépendance relative de la cellule (ou, comme il s'exprime, de la molécule), et la diversité des centres d'action. Le *Rêve de d'Alembert*, en particulier, est tout entier consacré à expliquer comment de la diversité des parties peut résulter la conscience d'un tout. A la bonne heure; mais, ce tout une fois constitué, la personne humaine une fois reconnue comme jouissant d'une existence séparée, distincte, ne devient-il pas naturel de lui attribuer une activité qui lui soit propre, en d'autres termes la faculté d'être par elle-même une cause? Peut-être, si Diderot s'était fait l'objection, y aurait-il répondu en rappelant que la personne humaine, pour être un tout, n'en fait pas moins partie d'un tout plus vaste. Et quant au sentiment opiniâtre que nous éprouvons d'être libres, il avait à sa disposition la solution de Spinoza : « Si les hommes se croient libres, cela vient uniquement de ce qu'ils ont conscience de leurs actions et sont ignorants des causes qui les déterminent [1] », ou, comme on peut l'exprimer encore plus succinctement, de ce qu'ils ont conscience d'eux-mêmes comme cause et non comme effet.

Diderot aurait pu d'autant mieux recourir aux arguments de Spinoza qu'il les connaissait fort bien, ainsi qu'on peut s'en assurer en lisant, dans l'*Encyclopédie*, l'article sur la liberté, dont il est l'auteur. Ce n'est pas dans ce morceau du reste, j'en préviens le lecteur, que nous devons chercher les vues de l'écrivain sur le sujet qui nous occupe. L'article est intéressant, mais il l'est surtout comme

1. *Ethices pars* 2, *propos.* 35, **Scholium.**

un exemple de la manière dont Diderot savait déguiser ses opinions lorsqu'il écrivait sous les yeux de l'autorité, à quels accommodements de conscience il se soumettait pour éviter que la censure n'arrêtât sa grande opération de librairie. Rien n'est curieux comme de voir le fougueux déterministe devenir tout à coup le défenseur du libre arbitre, la thèse de la nécessité se transformer en une « absurde hypothèse », en « une doctrine énorme qui ne doit point être examinée dans l'école, mais punie par les magistrats ». Une fois entré dans ce rôle, du reste, Diderot juge apparemment qu'il ne saurait trop appliquer le masque sur sa figure; l'auteur des propositions hétérodoxes que nous avons recueillies plus haut déclare sans broncher « que la pensée et la volonté ne sont ni ne peuvent être des qualités de la matière »; aux preuves de raison et de sentiment qu'il vient complaisamment d'énumérer, il ajoute « celles que nous fournissent la morale et la religion »; il a même soin de terminer en ajustant sa définition de la liberté à celle de l'Église.

Les écrits livrés au public avec nom d'auteur, et surtout les écrits censurés sont d'une sincérité suspecte; la correspondance ne l'est pas. Il n'est rien de tel pour connaître les sentiments d'un homme qu'une lettre écrite dans l'intimité, non seulement parce qu'elle peut être tout à fait franche, mais aussi parce qu'elle comporte des développements familiers qui mettent la pensée de l'écrivain dans tout son jour. On en apprend plus sur le déterminisme de Spinoza dans sa correspondance avec Guillaume de Blyenbergh que dans les théorèmes du second livre de l'*Éthique*, et si l'on veut connaître le fond des idées de Diderot sur le même sujet, il sera plus sûr de lire sa lettre à Landois que de consulter ses articles de l'*Encyclopédie* ou même ses autres ouvrages. Elle est terrible de netteté, j'allais dire de crudité, cette lettre, et complète en même temps, touchant à toutes les objections, faisant la part de la morale, de l'éducation, de la législation.

> Regardez-y de près, écrit notre philosophe (en 1756), et vous verrez que le mot de liberté est un mot vide de sens ; qu'il n'y a point et qu'il ne peut y avoir d'êtres libres ; que nous ne sommes que ce qui convient à l'ordre général, à l'organisation, à l'éducation et à la chaîne des événements. Voilà ce qui dispose de nous invinciblement. On ne conçoit non plus qu'un être agisse sans motif, qu'un des bras d'une balance agisse sans l'action d'un poids, et le motif nous est toujours extérieur, étranger, attaché ou par une nature ou par une cause quelconque qui n'est pas nous. Ce qui nous trompe, c'est la prodigieuse variété de nos actions, jointe à l'habitude que nous avons prise tout en naissant de confondre le volontaire avec le libre. Nous

avons tant loué, tant repris, nous l'avons été tant de fois, que c'est un préjugé bien vieux que celui de croire que nous et les autres voulons, agissons librement. Mais il n'y a point de liberté, il n'y a point d'action qui mérite la louange ou le blâme, il n'y a ni vice, ni vertu, rien dont il faille récompenser ou châtier. Qu'est-ce qui distingue donc les hommes? La bienfaisance et la malfaisance. Le malfaisant est un homme qu'il faut détruire et non punir ; la bienfaisance est une bonne fortune, et non une vertu. Mais, quoique l'homme bien ou malfaisant ne soit pas libre, l'homme n'en est pas moins un être qu'on modifie. C'est par cette raison qu'il faut détruire le malfaisant sur une place publique. De là le bon effet de l'exemple, des discours, de l'éducation, du plaisir, de la douleur, des grandeurs, de la misère, etc. ; de là une sorte de philosophie pleine de commisération, qui attache fortement aux bons, qui n'irrite non plus contre le méchant que contre un ouragan qui nous remplit les yeux de poussière. Il n'y a qu'une sorte de causes à proprement parler, ce sont les causes physiques. Il n'y a qu'une sorte de nécessité, c'est la même pour tous les êtres, quelque distinction qu'il nous plaise d'établir entre eux, et qui y soit réellement. Voilà ce qui me réconcilie avec le genre humain... Ne rien reprocher aux autres, ne se repentir de rien, voilà les premiers pas vers la sagesse. Ce qui est hors de là est préjugé, fausse philosophie. Si l'on s'impatiente, si l'on jure, si l'on mord la pierre, c'est que, dans l'homme le mieux constitué, le plus heureusement modifié, il reste toujours beaucoup d'animal.

La conséquence immédiate de cet enseignement c'est que le mal est nécessaire, ou, ce qui revient au même, que le mal est un mot. « Le mal est une suite des lois générales de la nature. Pour qu'il ne fût pas, il faudrait que ces lois fussent différentes. Je dirai de plus que j'ai fait plusieurs fois mon possible pour concevoir un monde sans mal, et que je n'ai pu y parvenir [1]. » Ainsi Diderot n'est ni optimiste, ni pessimiste, il se contente de reconnaître les faits, et juge qu'il est inutile de s'insurger contre eux : « Pope, selon lui, a très bien prouvé, d'après Leibniz, que le monde ne saurait être que ce qu'il est; mais,

1. *Introduction aux grands principes.*

lorsqu'il en a conclu que tout est bien, il a dit une absurdité : il devait se contenter de dire que tout est nécessaire [1]. » « Acceptons donc les choses comme elles sont. Voyons ce qu'elles nous coûtent et ce qu'elles nous rendent, et laissons là le tout que nous ne connaissons pas assez pour le louer ou pour le blâmer, et qui n'est peut-être ni bien ni mal s'il est nécessaire, comme beaucoup d'honnêtes gens se l'imaginent [2] ». Je ne sais si je me trompe, mais il me semble qu'il y a là plus de réelle philosophie que dans la méchante humeur des Schopenhauer et des von Hartmann.

Reste une objection, pourtant, et considérable. Si le mal est nécessaire, il n'y a plus ni bien ni mal, et alors que devient la mo-

1. *Introduction aux grands principes.*
2. *Le neveu de Rameau.*

rale? Cette question ne pouvait manquer de préoccuper Diderot, car, nous l'avons vu, il avait au milieu des contradictions de sa nature un fond de bonté, d'honnêteté, de générosité même. L'égoïsme, la lâcheté l'indignaient, les belles actions excitaient son enthousiasme. Le sort du vice et de la vertu dans le monde le troublait. Il aurait voulu écrire un livre sur ce sujet. « C'est, dit-il, l'ouvrage à mon gré le plus important et le plus intéressant à faire, c'est celui que je me rappellerais avec le plus de satisfaction dans mes derniers moments. C'est une question que j'ai méditée cent fois et avec toute la contention d'esprit dont je suis capable ; j'avais, je crois, les données nécessaires : vous l'avouerai-je ? je n'ai pas même osé prendre la plume pour en écrire la première ligne. Je me disais : si je ne sors pas victorieux de cette tentative, je deviens l'apologiste de la méchanceté ; j'aurai trahi la cause de la vertu, j'aurai encouragé l'homme au vice. Non, je ne me sens pas bastant pour ce sublime travail ; j'y consacrerais inutilement toute ma vie » [1].

Je crois bien qu'il faut faire la part de la rhétorique dans ce passage, et aussi celle de l'esprit de contradiction. Diderot s'échauffe volontiers dans la controverse, et se laisse alors emporter, non seulement aux assertions extrêmes, mais aux déclarations solennelles, aux périodes ronflantes. Il y a de cela dans les lignes que je viens de citer, comme aussi dans le célèbre passage contre La Mettrie, où il compare la morale avec un « arbre immense dont la tête touche aux cieux et les racines pénètrent jusqu'aux enfers, où tout est lié,

---

1. *Réfutation d'Helvétius.*

où la pudeur, la décence, la politesse, les vertus les plus légères, s'il en est de telles, sont attachées comme la feuille au rameau, qu'on déshonore en le dépouillant [1] ». N'y a-t-il pas là une chaleur un peu artificielle? L'écrivain ne s'est-il pas comme enivré lui-même de la sonorité de sa phrase? Se maintient-il habituellement à cette hauteur? La pudeur et la décence, par exemple, obtiennent-elles toujours de lui les mêmes égards? Connaissant Diderot comme nous faisons, nous ne pouvons nous empêcher de craindre que non.

La vérité est que Diderot, pour commencer par là, ne sait à quoi s'en tenir sur la source et l'origine de la morale. Il varie suivant qu'il est en veine de sentiment ou de rai-

---

1. *Essai sur les règnes de Claude et de Néron.*

sonnement. Il s'en rapporte parfois à un penchant que nous aurions reçu de la nature, à une notion, un goût de l'ordre auquel nous ne pouvons résister, au témoignage intérieur qui fait la félicité de l'homme de bien et le tourment du méchant. Il en appelle même à sa propre expérience. « Je trouve en moi, écrit-il à Landois, une égale répugnance à mal raisonner et à mal faire. Je suis entre deux puissances dont l'une me montre le bien et l'autre m'incline vers le mal. Il faut prendre parti. Dans les commencements le moment du combat est cruel, mais la peine s'affaiblit avec le temps : il en vient un où le sacrifice de la passion ne coûte plus rien ; je puis même assurer par expérience qu'il est doux : on en prend à ses propres yeux tant de grandeur et de dignité ! La vertu est une maîtresse à laquelle on s'attache autant par les sacrifices qu'on fait pour elle que par le charme qu'on lui croit. » Ailleurs quand il raisonne, quand il disserte, Diderot déclare, au contraire, que le sens moral est une chimère. Tout est expérimental en nous. Tout est affaire d'éducation, d'intérêt, par conséquent d'égoïsme. « Combien de motifs secrets et compliqués dans notre blâme et nos éloges! » Il n'est pas jusqu'à l'enthousiasme qu'excite une belle action qui ne devienne suspect à la pénétrante analyse de l'écrivain. « On a mis en jeu notre sensibilité, nous la montrons, c'est une si belle qualité! Nous invitons fortement les autres à être grands : nous y avons tant d'intérêt! Nous aimons mieux encore réciter une belle action que la lire seul. Les larmes qu'elle arrache de nos yeux tombent sur les feuillets froids d'un livre; elles n'exhortent personne, elles ne nous recommandent à personne, il nous faut des témoins vivants[1]. »

La morale utilitaire est nettement professée dans une page où l'écrivain touche en même temps aux rapports du monde moral avec le monde physique, et à la durée de la personnalité humaine. Diderot, toujours prodigue de ses idées, les a jetées cette fois-ci dans un morceau où l'on ne penserait guère à aller les chercher, un article de critique sur un ouvrage d'un M. de Valmire intitulé *Dieu et l'homme*. Il reproche à l'auteur ses ménagements pour la théologie. « Combien cette maudite métaphysique fait de fous ! Hé, mes amis, que vous importe qu'il y ait ou qu'il n'y ait ni Dieu, ni diable, ni anges, ni pa-

---

1. *Salon de* 1767. La lettre à mademoiselle Volland du 4 octobre de la même année renferme un passage tout semblable.

radis, ni enfer! Ne savez-vous pas que vous voulez être heureux ; que les autres ont le même désir que vous ; qu'il n'y a de félicité vraie pour vous que par le besoin que vous avez les uns des autres, et que par les secours que vous espérez de vos semblables et qu'ils attendent de vous ; que si vous n'êtes pas aimés, estimés, considérés, vous serez méprisés et haïs ; et que l'amour, la considération, l'estime, sont attachés à la bienfaisance? Soyez donc bienfaisants tandis que vous êtes, et endormez-vous du dernier sommeil, aussi tranquilles sur ce que vous deviendrez que vous l'êtes sur ce que vous étiez il y a quelques centaines d'années. Le monde moral est tellement lié au monde physique qu'il n'y a guère d'apparence que ce ne soit une seule et même machine. Vous avez été un atome de ce grand tout, le temps vous réduira à un atome de ce grand tout. Chemin faisant, vous aurez passé par une multitude de métamorphoses. De ces métamorphoses, la plus importante est celle sous laquelle vous marchez à deux pieds ; la seule qui soit accompagnée de conscience ; la seule sous laquelle vous constituez par la mémoire de vos actions successives, un individu qui s'appelle *moi*. Faites que ce moi-là soit honoré et respecté, et de lui-même, et de ceux qui coexistent avec lui, et de ceux qui viendront après lui. »

On a les deux points de vue contraires, la morale innée ou intuitive et la morale utilitaire ou expérimentale. Diderot, au milieu de ses hésitations et de ses tâtonnements, a pourtant essayé un jour de concilier les assertions qu'il présente ailleurs dans leur isolement et leur opposition. Il est vrai qu'il n'a fait qu'indiquer sa pensée à cet égard, sans lui donner les développements nécessaires. « Il est possible, lisons-nous dans sa critique du livre *de l'Esprit*, de trouver dans nos besoins naturels, dans notre vie, dans notre existence, dans notre organisation et notre sensibilité qui nous exposent à la douleur, une base éternelle du juste et de l'injuste, dont l'intérêt général et particulier fait ensuite varier la notion en mille manières différentes. C'est, à la vérité, l'intérêt général et particulier qui métamorphose l'idée de juste et d'injuste, mais son essence en est indépendante. »

Il n'est pas besoin de dire que l'impératif catégorique, dans tous les cas, est fort étranger à un pareil système, et fait place à une notion purement relative du devoir : « Le mal, ce sera ce qui a plus d'inconvénients

que d'avantages, et le bien, au contraire, ce qui a plus d'avantages que d'inconvénients. »
Il est une chose cependant qui ne varie pas, chez Diderot : il est convaincu que la vertu, en somme, vaut toujours mieux. Il ne sort pas de là, et non seulement en théorie et dans ses écrits, mais dans le détail et dans l'application. Rien de piquant comme les conseils qu'il donne à mademoiselle Jodin, une actrice assez médiocre, dont le père avait collaboré à l'*Encyclopédie*, et à laquelle Diderot montra beaucoup de bonté, lui écrivant souvent et lui prodiguant d'excellents avis, tant sur sa conduite privée que sur son art. Il ne sépare pas d'ailleurs les deux choses. Il veut qu'elle soit vraie. « Faites-vous-en l'habitude, dit-il ; n'ayez ni détours, ni finesses, ni ruses. Si vous n'avez qu'un petit caractère, vous n'aurez jamais qu'un

petit jeu. » N'est-il pas vrai que cette réflexion ne manque ni d'esprit, ni de solidité? Diderot y revient : « Je ne vous demande pas les mœurs d'une vestale, mais celles dont il n'est permis à personne de se passer, un peu de respect pour soi-même. »

« Tâchez donc d'avoir des mœurs. Comme il y a une différence infinie entre l'éloquence d'un honnête homme et celle d'un rhéteur qui dit ce qu'il ne sent pas, il doit y avoir la même différence entre le jeu d'une honnête femme et celui d'une femme avilie, dégradée par le vice, qui jase des maximes de vertu. »

Mais le passage le plus caractéristique, en ce qui concerne la morale pratique et courante de Diderot, c'est assurément celui où il raconte à mademoiselle Volland les leçons qu'il donnait à sa fille alors âgée de seize ans.

On a là le moraliste pris sur le vif et sur le fait : « Nos promenades vont toujours leur train. Je me proposai dans la dernière de lui faire connaître qu'il n'y avait aucune vertu qui n'eût deux récompenses : le plaisir de bien faire et celui d'obtenir la bienveillance des autres ; aucun vice qui n'eût deux châtiments : l'un au fond de notre cœur, un autre dans le sentiment d'aversion que nous ne manquons jamais d'inspirer aux autres. Le texte n'était pas stérile ; nous parcourûmes la plupart des vertus ; ensuite, je lui montrai l'envieux avec ses yeux creux et son visage pâle et maigre ; l'intempérant avec son estomac délabré et ses jambes goutteuses ; le luxurieux avec sa poitrine asthmatique et les restes de plusieurs maladies qu'on ne guérit point ou qu'on ne guérit qu'au détriment du reste de la machine. Cela va fort bien : nous n'aurons guère de préjugés, mais nous aurons de la discrétion, des mœurs et des principes communs à tous les siècles et à toutes les nations. Cette dernière réflexion est d'elle. « Il est tel article qu'on peut s'étonner de rencontrer dans cette instruction faite à une enfant; mais Diderot ignorait ces scrupules, et il avait commencé par en dire bien d'autres à Angélique, « ne lui laissant rien ignorer de tout ce qui pouvait se dire décemment ».

Tout s'enchaîne dans la pensée scientifique. Nous avons vu les idées de Diderot sur l'unité de substance dans l'univers aboutir, de conséquence en conséquence, au déterminisme, à la négation du mal et à la morale utilitaire. Il nous reste à signaler, à son tour, une conséquence du principe qui ramène le devoir à l'intérêt personnel ou social. Cette conséquence c'est que les vertus qui n'ont pas de valeur échangeable, si j'ose employer cette expression, qui ne peuvent servir ni à nous-mêmes, ni aux autres, qui échappent par la nature au contrôle de l'opinion et à la règle de l'égoïsme bien entendu, c'est que les devoirs envers nous-mêmes, comme le catéchisme les appelle, ne sont qu'affaire de préjugé ou de convention. Ainsi pensait Diderot, et c'est de cette manière que nous expliquerons les passages assez nombreux de ses écrits où il se plaît à établir le caractère arbitraire de la pudeur, de la chasteté, de la fidélité conjugale, et cela sans reculer devant aucune des conséquences extrêmes et énormes de sa thèse. Une fois le dada spéculatif enfourché, il ne s'arrête qu'après l'avoir fourbu. Témoin une certaine suite de l'*Entretien avec d'Alembert* qu'il ne permettait pas de lire à mademoiselle Volland, et cependant celle-ci ne devait pas être prude à en juger par les problèmes saugrenus que Diderot s'avisait quelquefois de lui proposer [1]. Le *Supplément au voyage de Bougainville* n'est de même qu'une suite de questions de casuistique lubrique, et toutes abordées avec la même audace. Est-ce à dire que Diderot fût d'avis de se mettre au-dessus des conventions sociales? Nullement : tout en maintenant qu'on avait attaché la honte et le châtiment à des actions innocentes en elles-mêmes, il voulait qu'on évitât ces actions parce qu'il s'y attache de la honte et que la honte est le plus grand des maux. Il sentait en particulier très vivement la nécessité de la discrétion, de la retenue chez les femmes, et il signale souvent les périls pour elles d'une simple inconséquence.

---

[1]. Voir, par exemple, la lettre du 31 juillet 1762.

Les principes de Diderot sur le vice et la vertu le conduisaient à d'autres questions encore. En blâmant ce qu'il regardait comme des mœurs artificielles, il était amené à prendre pour règle les rapports primitifs des hommes entre eux, et cette loi de nature qui joue un si grand rôle chez les philosophes du xviii° siècle. Le morceau sur le voyage de Bougainville, entre autres, est tout à fait dans le genre de déclamation de Rousseau. Il semble, du reste, qu'à l'époque où Diderot l'écrivit, vers 1772, il fût préoccupé des idées dont je parle, car nous le retrouvons dans d'autres écrits de la même époque, en particulier dans l'*Entretien d'un père avec ses enfants*, tout plein de la « voix du cœur, » du « tribunal de l'équité naturelle », et aboutissant à cette périlleuse maxime qu'il « n'y a point de lois pour le sage ». Il

est vrai que le père répond prudemment :
« Je ne serais pas fâché qu'il y eût dans la
ville un ou deux citoyens comme toi, mais je
n'y habiterais pas s'ils pensaient tous de
même. »

Je ne terminerai pas cet exposé des doctrines de Diderot sans une réflexion destinée, non pas à dicter au lecteur le jugement qu'il doit en porter, mais à l'empêcher de ranger tout d'abord ce système dans quelque catégorie toute faite, sous l'une de ces étiquettes moins propres à caractériser les idées qu'à les décréditer. Le point de vue auquel il faut se placer ici, comme au surplus dans l'étude entière de l'histoire de la philosophie, c'est celui des rapports de la conception dont il s'agit avec celles qui l'ont précédée. Toute doctrine philosophique est le développement d'une doctrine antérieure, et ce développement s'opère toujours par voie de contradiction. Diderot n'a pas échappé à cette loi. La philosophie du xviie siècle, encore tout imprégnée de théologie, avait conservé le dualisme de l'enseignement ecclésiastique. Elle opposait sans ménagements, sans embarras, Dieu au monde et l'âme au corps. Elle se représentait le créateur comme un horloger en face de la pendule qu'il vient d'achever, et l'âme au sein de l'organisme comme un soldat dans sa guérite. Les efforts auxquels les penseurs étaient condamnés pour expliquer les faits d'après ces données servent à montrer combien ces données passaient alors pour inattaquables, et aussi combien il était impossible que la science ne s'avisât pas quelque jour de les attaquer. Descartes n'admettant aucun rapport, aucun lien entre des choses aussi disparates que la matière et l'esprit, avait été conduit à regarder les bêtes comme des automates; en effet, puisqu'elles n'ont pas d'âme, il ne leur reste que l'étendue, le mouvement et les lois générales de la mécanique. Fidèle aux mêmes principes, Malebranche avait eu recours aux *causes occasionnelles :* l'âme et le corps n'agissent point l'un sur l'autre, mais les mouvements de l'un sont pour l'autre l'occasion d'un mouvement correspondant; ils vont chacun de leur côté, et s'ils se rencontrent et se meuvent d'accord, c'est par un effet de la volonté divine. Leibniz qui, par une singulière contradiction, tenait pour indissoluble l'union de l'âme et du corps, qui se refusait à croire l'homme un pur esprit soit dans cette vie, soit dans une autre, Leibniz qui, par sa doctrine des monades, avait résolu la dualité de l'étendue et de la force, n'avait pas su s'affranchir de la dualité du corps et de l'âme. Il supposait qu'ils agissent de concert en vertu d'une *harmonie préétablie*. Ce sont deux horloges fabriquées avec tant d'art qu'elles continuent à correspondre exactement l'une à l'autre sans influence réciproque et sans intervention du dehors.

On dira ce qu'on voudra, il ne se pouvait que la pensée humaine en restât là. A part la violence, pour ne pas dire l'extravagance des procédés par lesquels la philosophie s'efforçait d'expliquer les doctrines traditionnelles, l'esprit de l'homme a le besoin invincible de ramener les choses à l'unité. C'est le ressort même de son activité, c'est la loi de la science, et il serait plus aisé de nous interdire de réfléchir que de nous persuader de rester en face d'une dualité sans chercher à la résoudre. Voilà ce que le xviiiᵉ siècle sentit fortement. Le problème des rapports de Dieu avec l'univers l'occupa moins ; les germes semés par Spinoza ne devaient lever et fructifier que dans les grandes écoles spéculatives de nos jours ; mais, quant à l'unité de la nature humaine, les encyclopédistes, comme on les appelait, s'employèrent à la rétablir avec l'emportement propre aux réactions, et toutefois non sans quelque fruit permanent. Diderot, surtout, a été l'auteur d'une synthèse dont l'originalité et la puissance auraient été plus tôt reconnues si ses écrits n'étaient pas fragmentaires, souvent même rhapsodiques, ou s'ils avaient tout de suite été réunis d'une manière complète. Il serait souverainement injuste de le confondre avec ses émules, les Helvétius, les Maupertuis, les La Mettrie, les d'Holbach. Il les dépasse de toute la tête. Il est de la même école, de la même race peut-être, mais il n'en reste pas moins solitaire au milieu d'eux par la largeur des conceptions et par la génialité des aperçus.

IV

Diderot n'est pas seulement l'auteur de l'*Encyclopédie*, il est le plus encyclopédique de nos auteurs. Esprit curieux et avide de connaissances, il s'est laissé aller à toutes les études, séduire à toutes les tentatives. Il ne savait pas mieux économiser son talent que régler sa curiosité, et il se répandait au hasard, écrivant comme il parlait, par besoin de donner corps à ses idées, cédant au caprice et à l'occasion, prenant la plume tour à tour pour nourrir sa famille, subvenir aux dé-

penses de madame de Puisieux, ou fournir de
la copie à la Correspondance de Grimm. De là
une multitude d'ouvrages les plus divers, et
dont beaucoup n'ont plus qu'une valeur pour
ainsi dire biographique. Les œuvres complètes de Diderot ont, en effet, cet intérêt,
qu'elles nous montrent l'auteur tel qu'il faut
le considérer surtout, comme un phénomène,
un *monstrum*. Il y a du prodige dans cette
capacité et cette activité universelles. Nous
avons déjà vu le philosophe ; eh bien, il y
avait de plus chez ce philosophe un savant et
un écrivain. Diderot avait le goût des sciences
positives, et s'y était adonné. Il connaissait
ce qu'on connaissait alors de physique, de chi-
mie et de physiologie. Les mathématiques
l'avaient particulièrement attiré. Il en avait
dans sa jeunesse donné des leçons pour vivre,
il avait travaillé pour Deparcieux, publié des

dissertations sur des questions de géométrie et d'acoustique, sur la cohésion des corps et le calcul des probabilités. Mes lecteurs se rappelleront qu'il désigne « un certain mémoire de mathématiques », dont le sujet nous est inconnu comme étant, sauf le *Rêve de d'Alembert*, le seul de ses ouvrages dans lequel il se complaisait. Les contributions de Diderot à l'*Encyclopédie* sont innombrables et de toutes sortes. Les quatre ou cinq volumes qu'en a donnés M. Assézat, dans son édition, ne renferment que les articles « dans lesquels se fait, à un degré quelconque, sentir la personnalité de l'écrivain »; l'éditeur a dû laisser de côté des morceaux de remplissage sur presque toutes les branches du savoir humain, ainsi que des dissertations sur les arts et métiers qui n'auraient été intelligibles qu'avec des planches. Diderot s'était donné beaucoup de peine pour cette partie de son travail, visitant les ateliers, conversant avec les ouvriers, se faisant fournir des mémoires, construire des modèles. Il y a de lui un travail sur le métier à tisser les bas, que l'on cite comme un chef-d'œuvre de description.

C'est déjà un singulier et puissant contraste que celui d'un esprit spéculatif de très large envergure et d'une capacité pour les sciences les plus diverses, pour les connaissances technologiques les plus spéciales. Et cependant ce n'est encore que la moitié du prodige qu'offre l'intelligence de Diderot, car, je l'ai dit, il y a de plus un écrivain chez lui, et cet écrivain lui-même est extraordinaire par la variété de ses dons et par la prodigalité avec laquelle il les a jetés au vent. On ne sait, en vérité, ce que Diderot n'a pas fait ou essayé en littérature. Il a touché à tout, au théâtre et au roman, à la poésie et à la critique ; il a créé un genre, le Salon, et tellement excellé dans un autre, le dialogue, qu'il en a, pour ainsi dire, expulsé ses rivaux et se l'est approprié. Il a eu, enfin, ce rare bonheur, qu'après s'être prodigué et dépensé dans une foule d'écrits au milieu desquels la postérité n'aurait pas trop su distinguer ni le distinguer, il a laissé un chef-d'œuvre auquel son nom reste attaché et qui le fait surnager sur l'océan trouble et confus de ses propres ouvrages.

La poésie est ce qui tient le moins de place dans le bagage littéraire de Diderot. Il a fait des vers plutôt qu'il n'a été poète. Nous ne possédons pas du reste, à beaucoup près, tous ceux qu'il avait composés, car nous n'en avons aucuns de sa jeunesse, de ceux auxquels il fait allusion lorsqu'il se dépeint à

Falconet « décrochant de la muraille une vieille lyre dont la philosophie avait coupé les cordes, et recherchant l'enthousiasme de ses premières années ». A en juger par les pièces qui ont été recueillies jusqu'ici, Diderot tournait agréablement des compliments de nouvel an ou des plaisanteries de table, et traduisait avec esprit ses passages favoris des poètes latins. M. Assézat a imprimé, entre autres, une piquante imitation de l'*Olim truncus eram ;* mais elle est quelque peu hétérodoxe, et je laisse au lecteur le plaisir de la chercher parmi les morceaux inédits de la nouvelle édition. La plus connue des poésies de Diderot est celle qu'il a intitulée les *Éleuthéromanes*, et encore n'en connaît-on le plus souvent que deux vers, ceux qui montrent l'esclave révolté ourdissant les entrailles du prêtre,

Au défaut d'un cordon pour étrangler les rois.

On est parti de là pour se faire de l'auteur une image complètement fausse, celle d'un monomane d'impiété, d'un prédicateur de révolte. Il suffit de lire la pièce dans son entier pour reconnaître l'absurdité de ce jugement. Elle est toute de circonstance. Le hasard avait trois années de suite désigné Diderot comme « roi de la fève » ; il se récuse et abdique dans un dithyrambe dont le point de départ, on le voit, est une plaisanterie, qui affecte de propos délibéré, ainsi que l'auteur l'explique, l'ivresse et le délire, et qui, après avoir commencé sur le ton de Pindare, finit dans le goût d'Anacréon. C'est à la fois une déclamation comme les aimait le xviiie siècle et une débauche d'esprit comme il convenait à un joyeux repas. Ceux qui se plaisent à citer les vers dont il s'agit pour faire de Diderot un précurseur de 93 n'ont pas su voir que le révolutionnaire mis en scène par le poète n'est nullement un héros, mais un affranchi encore livré à la bassesse et à la férocité de l'esclavage. D'ailleurs, je le répète, tout cela tourne et finit en madrigal :

Issus d'un même sang, enfants d'un même père,
Oublions en ce jour toute inégalité.
Naigeon, sois mon ami ; Sedaine, sois mon frère :
  Bornons notre rivalité
A qui saura le mieux caresser sa bergère,
Célébrer ses faveurs et boire à sa santé.

Diderot s'est toute sa vie occupé et préoccupé du théâtre. Il y allait fréquemment, il se croyait de la vocation pour le drame et il s'y est essayé à plusieurs reprises [1]. On

---

1. « Le hasard et plus encore les besoins de la vie disposent de nous à leur gré. Qui le sait mieux que moi ? C'est la raison pour laquelle, pendant environ trente ans de suite, contre mon goût, j'ai fait l'*Encyclopédie* et n'ai fait que deux pièces de théâtre. » *Œuvres*, t. II, p. 312.

trouvera dans la nouvelle édition de ses œuvres, à côté de celles de ses pièces qui ont été représentées, un grand nombre d'ébauches, de plans de comédies, de canevas. On y rencontrera même une esquisse de tragédie romaine, intitulée *Terentia*. Diderot avait beaucoup réfléchi à l'art dramatique. Il avait même une théorie à cet égard. Il était l'inventeur d'un genre, la comédie domestique et bourgeoise. On peut lire sur ce sujet son apologie du *Fils naturel* et une longue dissertation qui fut imprimée avec le *Père de famille*. Ce qui me paraît beaucoup plus intéressant, ce sont les articles que l'auteur fournissait de temps en temps à la Correspondance de Grimm, sur les pièces nouvelles. Diderot, par ces articles, devient l'un des ancêtres du feuilleton dramatique; il en a tout à fait la manière, sauf qu'il met plus de soin peut-être dans l'analyse des ouvrages, et surtout plus de verdeur dans le jugement qu'il porte sur les écrivains. Voltaire lui-même n'est pas ménagé. Il est vrai qu'il s'agit des *Guèbres*. « Il n'y a, dit le critique, ni idées, ni éloquence, ni chaleur, ni verve; les vers sont comme on les fait quand on improvise... On y sent le vieillard avec ses rides, mais aussi avec ses muscles et ses nerfs. C'est le buste de Massinissa. » Bien entendu que ce jugement n'était point destiné à passer sous les yeux de Voltaire, ce qui rendait la franchise facile. Ducis est plus malmené encore pour son *Hamlet*. Il avait été secrétaire d'un lieutenant-général; Diderot le renvoie sans pitié à ses dépêches, et lui interdit le théâtre. De Shakspeare, peu de chose dans cet article; si son drame est un monstre, y lisons-nous, celui de Ducis est un épouvantail. On sait du reste que Diderot n'était nullement insensible au génie du poète anglais, et qu'il tenait tête à Voltaire sur ce chapitre. Il ne prétendait comparer Shakspeare, disait-il, ni à l'Apollon du Belvédère, ni à l'Antinoüs, ni au Gladiateur, mais bien au Saint-Christophe de Notre-Dame, colosse informe, grossièrement sculpté, mais entre les jambes duquel nous passerions tous.

Je note, dans un autre de ces feuilletons de Diderot, un passage qui semble au premier abord en contradiction avec le tempérament de l'écrivain, mais qui tient à sa théorie dramatique, comme cette théorie elle-même tient, au fond, à sa complexion morale la plus particulière. « Une scène de verve, dit-il, est certes une belle chose, un moment de génie; mais n'y en a-t-il point dans une scène pleine de délicatesse et de grâce?

Un trait de sentiment est-il moins difficile à trouver et à rendre qu'une plaisanterie? Bref, je tranche le mot : quelle est la scène de Molière qu'on osât comparer à la première scène de l'*Adrienne* de Térence? Une scène de verve, une fois connue, l'est parfaitement; une scène de sentiment et d'expression est toujours nouvelle. Ajoutez que le genre pathétique ne comporte aucune scène faible. » Il faut ici lire un peu entre les lignes et, comme je le marquais, chercher les causes de la préférence de Diderot dans les dispositions de sa propre nature. Diderot, au fond, manquait d'esprit, je veux dire de cette vive perception des rapports des choses qui se traduit par l'imprévu des saillies, par l'inattendu de l'expression. Il n'y a de trait ni dans ses écrits, ni dans sa correspondance, ni dans son théâtre. Il avait la verve, à la vérité ; personne n'en a eu autant que lui ; mais la verve qu'il oppose ici au sentiment, c'est justement celle de la gaieté, de la plaisanterie, c'est celle de Molière. Or si Diderot admire Molière, ce n'est pas sans une certaine impatience de voir la comédie condamnée par un si grand exemple à rester plaisante ; il est, pour son compte, et avant tout, sentimental.

Diderot, dans sa passion pour le théâtre, n'avait pas moins réfléchi au talent qui fait l'acteur qu'au génie qui fait l'auteur dramatique. J'ai déjà parlé de ses lettres à mademoiselle Jodin, dans lesquelles d'excellents conseils sur la manière de jouer de cette actrice se mêlent à de paternelles exhortations sur sa conduite privée. Diderot, au surplus, a donné toute sa théorie de l'art du comédien dans ce *Paradoxe* que nous ne possédons que depuis 1830, et qui a pris place au premier rang des écrits de l'auteur. On n'y cherchera ni la mise en scène du *Neveu de Rameau*, ni un caractère comparable à celui de l'immortel parasite. L'écrivain défend une thèse, il veut prouver, et le dialogue n'a d'autre valeur ici que la vivacité qu'il donne à l'exposition. Mais quelle richesse d'arguments ! Quelle abondance d'exemples ! Quel feu dans les récits ! Et, au fond, que de sens et de vérité ! Diderot développe deux idées dans l'écrit dont nous parlons. La première et celle qui l'occupe principalement, c'est que l'acteur n'a pas besoin d'éprouver les sentiments qu'il exprime, qu'il ne doit même pas les éprouver, parce que cela l'empêcherait de les rendre avec toutes les ressources d'une conception réfléchie. Il en est de lui comme de l'orateur. « Un orateur, dit-on, en vaut mieux quand il s'échauffe, quand il est en colère. Je le nie. C'est quand il imite la colère. » L'opinion de Diderot, que résument ces deux lignes, est-elle absolument fondée? n'est-elle pas du moins trop exclusive? Le théoricien n'a-t-il pas poussé les choses à l'extrême? J'inclinerais, pour ma part, vers l'opinion de Grimm, qui avait beaucoup plus de finesse d'esprit qu'on ne lui en reconnaît d'ordinaire, et qui me paraît avoir touché plus juste que son ami lorsqu'il conclut que « la sensibilité est une qualité neutre et étrangère au talent d'un grand comédien; elle peut se trouver ou ne pas se trouver dans le sujet qui possède ce talent éminent ». Quoi qu'il en soit, le paradoxe soutenu par Diderot l'a conduit à une autre idée, plus intéressante encore et plus féconde que la première. « Les images des passions au théâtre, dit-il, n'en sont pas les vraies images, ce n'en sont que des portraits outrés, que de grandes caricatures assujetties à des règles de convention. » Et encore : « Le comédien ne dit rien, ne fait rien dans la société précisément comme sur la scène ; c'est un autre monde. »

Et maintenant que va-t-il sortir de tant de réflexions et de dissertations, de tant de controverses et de théories ? Que produira Diderot lorsqu'il écrira lui-même pour le théâtre ? Ce qu'on n'aurait probablement pas attendu en se souvenant de ce qu'il y avait de dramatique, pour ainsi parler, dans la nature de l'auteur, dans le mouvement de son esprit, dans son tour et son goût pour le dialogue ; ce à quoi il fallait s'attendre, au contraire, si l'on considère combien il est rare que le théoricien possède les qualités qui font le créateur, combien l'art s'allie peu d'ordinaire avec une nette intelligence des conditions de son propre succès. Diderot, d'ailleurs en fait de théâtre, n'était pas seulement didactique, ce qui est déjà fâcheux, il était systématique ; il abordait la scène avec des idées de réforme ; il entendait inaugurer un nouveau genre, à égale distance de la comédie et de la tragédie ; il voulait introduire sur le théâtre le pathétique de la vie bourgeoise, quelque chose d'analogue aux tableaux de son ami Greuze, *l'Accordée de Village, la Mère bien-aimée, la Malédiction paternelle*. Il ne se rendait compte ni de l'ennui dont sont aujourd'hui précisément ces *sujets*, ni de la différence entre deux arts dont l'un peut vivre par les seules qualités d'exécution, tandis que l'autre est inséparable du mérite de la donnée scénique. Ajoutons, enfin, que Diderot, au rebours des apparences, n'avait rien moins que le génie dramatique. Il était trop subjectif, trop moraliste. Il s'intéressait trop aux questions. Il manquait du don d'observation, et encore plus, s'il est possible, de cette liberté de l'artiste par laquelle il se dégage des passions qu'il étudie et des événements auxquels il assiste. Le drame chez Diderot, si tant est qu'il y ait vraiment drame, est tout intérieur, le combat tout psychologique. Le dénouement doit profiter à une thèse. De là des sentiments qui se traduisent par des discours au lieu de s'exprimer par une action.

Quelle qu'en soit la cause, une chose est certaine : le théâtre de Diderot est pis que médiocre, il est insupportable. Si on laisse de côté les plans, les esquisses et les traductions, il se réduit à trois pièces, dont aucune ne soutient, je ne dirai pas la représentation, mais la lecture. Je ne pense pas même qu'il y eût lieu de parler de *Est-il bon? Est-il méchant?* qui n'a jamais été joué que sur un théâtre de société, si Baudelaire ne s'était mis un jour en tête de recommander l'ouvrage à M. Hostein, alors directeur de la Gaîté. Il faut lire la lettre de l'auteur des *Fleurs du mal*, affirmant que la pièce est très dramatique, parlant de sa « merveilleuse portée ». La réponse de M. Hostein fut celle d'un homme de sens aussi bien que d'un administrateur expert dans les choses de théâtre. Il eut peine à cacher la surprise que lui inspirait l'engouement de ce blasé qui cherchait la nouveauté dans la platitude. La vérité est que la pièce de Diderot est une bagatelle, esquissée d'abord en un jour, étendue depuis en quatre actes, à laquelle l'auteur n'attachait lui-même aucune importance, un imbroglio dénué de tout intérêt, des conversations sans un grain de sel.

Le théâtre de Diderot se réduit donc en définitive au *Père de famille*, qui a été joué en 1761, et au *Fils naturel*, qui avait été écrit le premier, mais ne fut joué qu'en 1771. Il eut une seule représentation. Le *Père de famille* en eut plusieurs; il fut même honoré d'une reprise en 1769, et, à ce qu'il paraît, avec un certain succès de larmes. En 1811, au contraire, si nous en croyons Geoffroy, la pièce fut sifflée. Elle a été donnée pour la dernière fois en 1835. Lessing l'avait traduite, et je crois bien qu'elle avait pris plus d'importance de l'autre côté du Rhin qu'en France; les Allemands jugent volontiers d'une œuvre d'art par la théorie dont elle est l'expression.

Les deux drames de Diderot se ressemblent beaucoup à la lecture. L'intrigue y est également faible, les caractères également nuls, et le style également de mauvais goût. Les deux pièces ont même ceci de commun que le titre de l'une ni de l'autre n'est justifié. Dans le *Fils naturel*, ainsi que l'avait déjà fait observer Palissot, la naissance de Dorval n'a aucune signification, elle n'amène aucune situation ; et, quant au principal personnage de l'autre comédie, je ne vois pas ce qui en fait un père de famille, si ce n'est qu'il a des enfants. Il n'y a rien de typique dans son rôle. Il ne représente pas plus les sentiments que les devoirs de sa condition, pour m'exprimer comme Diderot lui-même, qui avait la prétention de mettre les conditions sur le théâtre, à la place des caractères. Le père de Cécile et de Saint-Albin n'est l'image ni de la supériorité aux préjugés, ni de la tendresse qui triomphe des conventions sociales. Il ne cède que lorsque la naissance de Sophie est découverte, et qu'il ne peut plus faire autrement. C'est un homme de paille. Les ressorts de la pièce ne valent pas mieux. Le nœud ne se forme qu'à force d'invraisemblances. On sent, comme dans le *Fils naturel*, du reste, que tout est suspendu à un mot, que ce mot suffirait pour tout éclaircir, et que si personne ne le dit c'est parce que la pièce cesserait d'exister. Le dénoûment du *Fils naturel* touche au burlesque. Lysimond, le père naturel, arrive des colonies; il a été pris en mer, jeté en prison, délivré on ne sait trop comment; il paraît à la fin, et à peine a-t-il été reconnu que, sans rien savoir de la situation, sans avoir rien écouté ou rien appris, sans demander aux intéressés leur désir ou leur consentement, il marie et bénit tout le monde. Mais tout cela n'est rien encore auprès de la manière dont Diderot fait parler ses personnages. Le xviii° siècle tout entier n'a rien de plus prétentieusement sentencieux, ayons le courage de le dire, de plus niaisement déclamatoire. Il y a une scène prodigieuse dans le *Père de famille*; c'est celle où le bonhomme qui donne son nom à la pièce presse sa fille de se marier. « La nature, lui dit-il, en vous accordant les qualités sociales, ne vous destine point à l'inutilité... Je n'aurai point donné la vie à un enfant, je ne l'aurai point élevé pour le laisser descendre tout vif dans un tombeau, et, avec lui, mes espérances et celles de la société trompées... Et qui la repeuplera de citoyens vertueux si les femmes les plus dignes d'être des mères de famille s'y refusent? Cécile, la nature a ses vues et si vous regardez bien, vous verrez sa vengeance sur tous ceux qui les ont trompées. Le mariage, c'est la vocation de tout ce qui respire. O lien sacré des époux, si je pense à vous, mon âme s'échauffe et s'élève ! O noms tendres de fils et de fille, je ne vous prononçai jamais sans tressaillir, sans être touché ! » Puis, comme Cécile laisse comprendre qu'elle n'est pas sans connaître l'amour, son père cherche à lui faire avouer son secret; c'est alors qu'il a ce mot d'une si parfaite ineptie : « Comment blâmerais-je en vous un sentiment que je fis naître dans le cœur de votre mère? » La pièce se termine à l'avenant. Le père fait, comme Lysimond, deux mariages d'un coup et il s'écrie en bénissant les époux : « Une belle femme, un homme de bien sont les deux êtres les plus touchants de la nature. Donnez deux fois en un même jour ce spectacle aux hommes ! »

Il n'y a qu'une chose qui puisse rivaliser

avec ce galimatias, c'est la scène du *Fils naturel* dans laquelle Constance plaide aussi la cause du mariage. Dorval résiste, bien, dit-il, qu'il ne soit « point étranger à cette pente si générale et si douce qui entraîne tous les êtres, et qui les porte à éterniser leur espèce ». Mais il aurait des enfants, et ces enfants seraient « jetés, en naissant, dans le chaos des préjugés ». Constance, quant à elle, n'en croit rien ; les enfants ressemblent toujours à leurs parents : « Dorval, s'écrie-t-elle, vos filles seront honnêtes et décentes, vos fils seront nobles et fiers ; tous vos enfants seront charmants. » Enfin, comme Dorval ne se rend pas encore, Constance qui n'a cessé, dans cet entretien, de s'offrir comme la mère possible des enfants hypothétiques dont le sort se débat, Constance revient de nouveau à la loi de l'hérédité, de la double hérédité :

« Vous m'avez dit cent fois qu'une âme tendre n'envisageait point le système général des êtres sensibles sans en désirer fortement le bonheur, sans y participer, et je ne crains pas qu'une âme cruelle soit jamais formée dans mon sein et de votre sang. » Tel est le ton du drame domestique. C'est ainsi que Diderot cherche à ramener le théâtre au langage de la nature. On ne peut s'empêcher de penser au parti qu'aurait tiré de ce pathos un adversaire un peu malin des philosophes, un Palissot homme d'esprit, par exemple. Mais quelle est la charge qui aurait jamais égalé le grotesque de l'original, qui aurait pu renchérir sur ces déclamations où défile tout le vocabulaire de la secte philosophique, le vice et la vertu, les préjugés et la raison, le fanatisme et les lumières, où tout objet devient touchant, où toute âme devient sensible, où l'on embrasse les autels, où l'on invoque la divinité, où l'on apostrophe la nature, où l'on prodigue les serments et où l'on noie le tout dans un torrent de larmes. Et Voltaire qui était là, à qui il aurait suffi d'un de ses francs éclats de rire pour crever toute cette enflure; mais il était trop engagé lui-même dans l'effort contre le passé, pour sentir qu'on était en train de remplacer l'odieux par le ridicule!

Le conteur, chez Diderot, est fort supérieur à l'auteur dramatique. Notre écrivain n'a plus ici la tentation, que lui offrait le dialogue, de mettre dans la bouche de ses personnages des sentiments ampoulés ou des maximes philosophiques. S'il ne raconte guère sans avoir, comme à l'ordinaire, quelque proposition à soutenir, la marche du récit ne laisse pas de l'entraîner : elle lui impose l'observation des situations et des caractères, elle l'empêche de verser dans la déclamation. Il y a cependant à distinguer, et beaucoup, entre les récits de Diderot. Ses romans, c'est-à-dire ses fictions de longue haleine, sont très inférieurs à ses simples contes. Je ne sais même s'il convient de parler des *Bijoux indiscrets*, par exemple, dans une appréciation littéraire. L'écrivain, qui n'avait pas l'excuse de la jeunesse quand il fit ce livre, eut du moins le mérite de le juger plus tard comme il le fallait. Il y reconnaissait « l'exhalaison pestilentielle d'un cloaque ». Nous voilà loin de M. Assézat chez qui la prévention en faveur de son auteur a trop souvent étouffé le sens critique, et qui veut nous faire croire que la licence de l'écrit n'était qu'une façon de « faire parvenir à des courtisans, à des femmes, à des jeunes gens, des idées dont ils n'auraient jamais eu connaissance, si Diderot les eût consignées dans un livre à l'usage des seuls philosophes ». M. Assézat voudrait bien aussi faire admettre que le talent de l'écrivain rachète l'impureté de l'ouvrage : mais on sent qu'il ne sait trop lui-même à quoi attacher des éloges, tant la satire est froide, la plaisanterie lourde et la gaieté absente. Il n'y a rien dans les *Bijoux indiscrets* qui rachète cet amour de l'ordure pour l'ordure dont le volume est tout souillé.

On ne peut malheureusement porter un jugement beaucoup plus favorable sur *Jacques le fataliste*, écrit vingt-cinq ans plus tard, et où M. Assézat cherche encore à nous faire admirer « une ampleur de pensée qui fait à chaque instant craquer les coutures d'un habit trop étroit ». Le livre se compose d'un récit remarquable, il est vrai, l'histoire de madame de la Pommeraye, mais intercalé entre un mauvais pastiche de Sterne et une collection d'anecdotes polissonnes. Naigeon avait bien raison de dire que Diderot n'était nullement plaisant, et ne l'était jamais moins que quand il voulait l'être. Le genre humoristique, celui du *Voyage sentimental* et de *Tristram Shandy*, que Diderot a voulu imiter, exige une alliance de sensibilité et de fantaisie, de bonhomie et de malice, de naïveté et de drôlerie, dont notre écrivain possédait bien quelques éléments, mais non point la piquante combinaison. S'il avait les larmes faciles de Sterne, il n'avait pas son inimitable sourire moitié compatissant, moitié moqueur. Diderot sait intéresser, il n'amuse guère, et il n'a pas l'air de s'amuser lui-même. Le fatalisme de Jacques n'amène pas un seul effet comique, la plaisanterie qui devait en sortir est horriblement vulgaire; tranchons le mot, tout le premier tiers de l'œuvre est d'un ennui dont rien ne peut donner l'idée. Quant à l'épisode de madame de la Pommeraye, je trouve qu'on a fait tort à Diderot en le trop vantant. M. Vinet, qui appelle justement *Jacques le fataliste* un livre infect, déclare l'histoire dont il s'agit « un chef-d'œuvre d'art et de naturel ». J'y consens jusqu'à un certain point; je reconnais dans ce récit un don remarquable de simplicité et de conduite, mais je trouve que la vengeance de l'amante abandonnée devient répugnante à force d'être calculée, invraisemblable à force d'être soutenue, et je trouve en même temps que Diderot a fait mieux dans le même genre. L'histoire de mademoiselle de La Chaux et de Gardeil, celle de Desroches et de madame de La Carlière sont infiniment supérieures par le naturel et le pathétique. Ce sont des perles dans l'écrin de Diderot, et des perles qui seraient sans défaut si la narration n'était entrecoupée d'un dialogue qui en détruit un peu l'effet.

M. Assézat n'a pas l'air de s'en douter; il réserve son admiration pour les productions les plus contestables de son auteur, et il appelle *la Religieuse* un « merveilleux ouvrage ». Voilà bien le parti pris d'enthousiasme! Et qu'il est curieux de voir Diderot, lequel fut en réalité un très libre esprit, devenu l'objet d'un culte superstitieux, d'une dévotion sectaire! Ce qui est vrai, c'est que *la Religieuse*, malgré certain chapitre pathologique qui la rabaisse au rang des livres équivoques, ne doit pas être confondue avec *les Bijoux indiscrets* et *Jacques le fataliste*. Il n'y a aucune comparaison à instituer entre des productions si différentes. *La Religieuse* manque de liaison; ce n'est qu'une succession d'épisodes et il n'y a point de dénouement; mais il y a ce naturel et ce don d'émouvoir qui caractérisent Diderot comme conteur. On ne peut assurément placer ce roman à côté de *Madame de La Carlière,* il n'en a ni l'intérêt poignant, ni le parfait achèvement, et il a une grosse tache morbide au milieu, mais tel qu'il est, Diderot seul peut-être pouvait l'écrire.

La critique des ouvrages d'art existait avant Diderot; on écrivait même avant lui des comptes rendus de ces expositions dont la France avait, dès le xvii⁰ siècle, emprunté l'usage à l'Italie. Il n'en est pas moins vrai que Diderot reste le fondateur du « Salon ». C'est lui qui, le premier, a fait de la description des œuvres de peinture et de sculpture un genre littéraire, en y trouvant un prétexte à toute espèce de réflexions et de digressions.

Nous avons neuf *Salons* de Diderot, de 1759 à 1781. Comme les expositions de son temps n'avaient lieu que tous les deux ans, la collection de ces écrits forme une suite jusqu'en 1775, sauf l'année 1773 pendant laquelle l'auteur fit son voyage de Hollande et de Russie. A partir de 1775, le critique se sent déjà vieux et ne travaille plus aussi volontiers. S'il reprend la plume en 1781, c'est pour obliger Grimm, mais il se borne à des notes et il y coud des citations. Les deux *Salons* les plus importants de la série sont celui de 1763 qu'accompagnaient des « Études sur la peinture », et celui de 1767 que précède une longue lettre sur les expositions, sur « la maudite race des amateurs », sur la nature, l'antique et l'idéal. Qu'on joigne à ces morceaux les « Pensées détachées sur la peinture » imprimées par M. Assézat à la suite des *Salons*, et l'article *Beau* de l'Encyclopédie, qui résume les idées d'esthétique abstraite de l'écrivain, et l'on aura le fond de théorie sur lequel repose la critique de Diderot lorsqu'il se prononce sur les ouvrages des artistes contemporains.

L'auteur des *Salons* rend compte à mademoiselle Volland du sentiment dans lequel il travaillait, de sa manière de composer et en même temps de ses satisfactions secrètes d'amour-propre. Il s'agit du travail considérable que lui imposa l'exposition de 1765 :

Enfin, chère amie, écrit-il, m'en voilà quitte après quinze jours du labeur le plus opiniâtre. Grimm se reproche le danger auquel il croit qu'il a exposé ma santé par une aussi longue solitude, et des tours de force qu'il prétend qu'on ne fait impunément à aucun âge, moins encore au mien et au sortir d'un travail de vingt années. (Diderot avait cinquante-deux ans et il venait d'achever l'Encyclopédie.) Au demeurant, il est resté stupéfait. Il jure sur son âme, dans deux ou trois de ses lettres, qu'aucun homme sous le ciel n'a fait et ne fera jamais un pareil ouvrage sur cette matière. Quelquefois c'est la conversation toute pure comme on la fait au coin du feu; d'autres fois, c'est tout ce qu'on peut imaginer ou d'éloquent ou de profond. Je me trouve tiraillé par des sentiments opposés. Il y a des moments où je voudrais que cette besogne tombât du ciel tout imprimée au milieu de la capitale ; plus souvent, lorsque je réfléchis à la douleur profonde qu'elle causerait à une infinité d'artistes qui ne méritent pas d'être si cruellement punis d'avoir fait des efforts pour mériter notre admiration, je serais désolé qu'elle parût... C'est un des chagrins de Grimm que de voir enfermer dans sa boutique, comme il l'appelle, une chose qui certainement ne paraît pas avoir été faite pour être ignorée. Ç'a été une assez douce satisfaction pour moi que cet essai. Je me suis convaincu qu'il me restait pleinement, entièrement toute l'imagination et la chaleur de trente ans, avec un fonds de connaissances et de jugement que je n'avais point alors. J'ai pris la plume, j'ai écrit quinze jours de suite, du soir au matin, et j'ai rempli d'idées et de style plus de deux cents pages de l'écriture petite et menue dont je vous écris ces longues lettres, et sur le même papier, ce qui fournirait un bon volume d'impression. J'ai appris en même temps que mon amour-propre n'avait pas besoin d'une rétribution populaire, qu'il m'était même assez indifférent d'être plus ou moins apprécié par ceux que je fréquente habituellement, et que je pourrais être satisfait s'il y avait au monde un homme que j'estimasse et qui sût bien ce que je vaux. Grimm le sait et peut-être ne l'a-t-il jamais su comme à présent! Il m'est doux aussi de penser que j'aurai procuré quelques moments d'amusement à ma bienfaitrice de Russie, écrasé par-ci, par-là, le fanatisme et les préjugés, et donné par occasion quelques leçons aux souverains, qui n'en deviendront pas meilleurs pour cela, mais ce ne sera pas faute d'avoir entendu la vérité et de l'avoir entendue sans ménagement; ils sont de temps en temps apostrophés et peints comme des artisans de malheur et d'illusions, et des marchands de crainte et d'espérance.

Diderot a donné diverses formes à ses *Salons*. Le plus souvent ce sont des comptes rendus entrecoupés de dissertations; d'autres fois des dialogues supposés, des lettres. Sa critique, quant au fond, n'en procède pas moins toujours de la même manière. Il avait la manie, lorsqu'il rendait compte d'un livre, de le refaire; il éprouve également le besoin de refaire les tableaux dont il parle. Doué d'une imagination scénique et dramatique, il avait pris l'habitude, ainsi qu'il le dit lui-même, d'arranger les figures dans sa tête comme si elles étaient sur la toile. Il se représentait toutes les scènes, voyait tous les sujets, et non seulement les groupes, les attitudes, les expressions, mais les plans et la perspective. Sa conception, tout naturellement, se substituait à celle de l'artiste qu'il avait à juger. Du reste, aucun ordre, aucune méthode, un mélange de discussions sur ce qu'il appelle la métaphysique de l'art, et de récits, de souvenirs, d'aveux, de boutades, d'exclamations. Tout lui est matière à digression. Le peintre

Robert a voyagé : morceau sur les voyages et les voyageurs. Robert a peint des ruines : vite un passage sur la poétique des ruines. Il a exposé des esquisses : comparaison de l'esquisse et du tableau terminé. Diderot nous donne aussi des anecdotes, et en grand nombre, fort salées pour la plupart, mais bien joliment dites. « Monsieur Baudouin, fait-il tout à coup en interpellant un peintre qui n'avait pas tiré parti de son sujet, vous me rappelez l'abbé Cossart, curé de Saint-Remy, à Dieppe. Un jour qu'il était monté à l'orgue de son église, il mit par hasard le pied sur une pédale; l'instrument résonna, et le curé Cossart de s'écrier : Ah ! ah ! je joue de l'orgue, cela n'est pas si difficile que je croyais. — Monsieur Baudouin, vous avez mis le pied sur la pédale et puis c'est tout. »

Diderot ne craint pas, à l'occasion, de rétracter les opinions qu'il a hasardées dans l'entraînement de la discussion. Il faut se rappeler qu'il est terriblement discuteur, et fort abondant dans son propre sens une fois qu'il est lancé; mais sa sincérité naturelle lui donne le besoin de revenir sur ses jugements. Il reconnaît avoir prononcé à la légère. Il donne à tout moment dans l'erreur, avoue-t-il, parce qu'il n'a pas trouvé assez vite l'expression qu'il lui fallait. Il n'a ni le loisir, ni la solitude nécessaires à un travail réfléchi. Tantôt il dit autre chose que ce qu'il avait au fond du cœur, tantôt il abandonne une thèse faute de mots qui rendent bien ses raisons [1]. L'aveu est à noter et nous montre l'écrivain moins sûr de lui qu'il n'en a l'air avec sa manière entraînée et entraînante. En général,

---

1. *Salon de* 1767.

il aime, dans ses *Salons*, à parler de lui-même. Un jour, il raconte qu'il s'est trouvé, le matin, des cheveux blancs. Une autre fois, il fait l'histoire de madame Therbouche, une artiste de Berlin, qui s'est trouvée dans la misère à Paris et pour qui il a cherché de l'ouvrage. Mais il s'agissait d'une femme ; naturellement on a jasé. Ici joli passage et dans lequel l'écrivain ne fait que rendre justice à son infatigable dévouement pour ceux-là mêmes qui en étaient le moins dignes :

> Le pauvre philosophe, dit-il en se mettant en scène à la troisième personne, a été calomnié. Le pauvre philosophe s'est trouvé dans l'alternative cruelle ou d'abandonner la malheureuse à son mauvais sort, ou d'accréditer des soupçons déplaisants pour lui, de la plus fâcheuse conséquence pour celle qu'il secourait. Le pauvre philosophe s'en est rapporté à l'innocence de ses démarches et a méprisé des propos qui auraient empêché un autre que lui de faire le bien. Le pauvre philosophe a mis à contribution les grands, les petits,

les indifférents, ses amis, et a fait gagner à l'artiste dissipatrice cinq à six cents louis, dont il ne restait pas une épingle au bout de six mois. Le pauvre philosophe a arrêté la Prussienne vingt fois sur le seuil du For-l'Evêque. Le pauvre philosophe a calmé la furie des créanciers de la Prussienne attachés aux roues de sa chaise de poste; le pauvre philosophe a garanti l'honnêteté de celte femme. Qu'est-ce que le pauvre philosophe n'a pas fait pour elle? et quelle est la récompense qu'il en a recueillie? — Mais la satisfaction d'avoir fait le bien... — Sans doute, mais rien après que les marques de l'ingratitude la plus noire. L'indigne Prussienne prétend à présent que j'ai renversé sa fortune en la chassant de Paris au moment où elle touchait à la plus haute considération. L'indigne Prussienne traite nos La Grenée, nos Vien, nos Vernet, d'infâmes barbouilleurs. L'indigne Prussienne oublie ses créanciers qui viennent sans cesse crier à ma porte. L'indigne Prussienne doit ici des tableaux dont elle a touché le prix et qu'elle ne fera point. L'indigne Prussienne insulte à ses bienfaiteurs. L'indigne Prussienne a la tête folle et le cœur dépravé. L'indigne Prussienne a donné au pauvre philosophe une bonne leçon dont il ne profitera pas, car il restera fou et bête comme Dieu l'a fait.

Cette façon de se mettre en scène fait que

les *Salons* sont devenus des espèces de mémoires, et celui des ouvrages de Diderot qui offre le plus de matériaux pour l'étude de son caractère, qui fait le mieux connaître les habitudes de son esprit et de sa vie. Le peintre Le Prince arrivait de Russie et en avait rapporté des sujets de tableaux. Notre critique se montre sévère, injuste même. Ces vues de pays étrangers ne lui disent rien. Elles ne peuvent intéresser que celui qui est éloigné de sa patrie et qui se sent un moment transporté, par l'artiste, au milieu de tout ce qu'il a quitté et de tout ce qu'il aime. Mais à peine Diderot a-t-il exprimé cette pensée qu'il se voit en imagination banni à quelques cents lieues de la rue Taranne, et le voilà faisant le compte de ce qu'il a perdu :

> Si j'étais à Moscou, doutez-vous, cher Grimm, que la vue d'une carte de Paris me fît plaisir. Je dirais :

Voilà la rue Neuve-Luxembourg (où demeurait Grimm) ; c'est là qu'habite celui que je chéris ; peut-être il pense à moi dans ce moment, il me regrette, il me souhaite tout le bonheur que je puis avoir loin de lui. Voilà la rue Neuve-des-Petits-Champs (où demeurait madame d'Épinay) ; combien nous avons collationné de fois dans cette maisonnette ! C'est là que demeurent la gaieté, la plaisanterie, la raison, la confiance, l'amitié, l'honnêteté, la tendresse et la liberté. L'hôtesse aimable avait promis à l'Esculape genevois (Tronchin) de s'endormir à dix heures, et nous causions et nous riions encore à minuit. Voilà la rue Royale-Saint-Roch (où se trouvait l'hôtel du baron d'Holbach) ; c'est là que se rassemble tout ce que la capitale renferme d'honnêtes et d'habiles gens. Ce n'est pas assez pour trouver cette porte ouverte que d'être titré ou savant, il faut encore être bon. C'est là que le commerce est sûr, c'est là qu'on parle histoire, politique, finance, belles-lettres, philosophie ; c'est là qu'on s'estime assez pour se contredire ; c'est là qu'on trouve le vrai cosmopolite, l'homme qui sait user de sa fortune, le bon père, le bon ami, le bon époux ; c'est là que tout étranger, de quelque nom et de quelque mérite, veut avoir accès et peut compter sur l'accueil le plus doux et le plus poli. Et cette méchante baronne, vit-elle encore ? Sa santé était si frêle ! Se moque-t-elle toujours de beaucoup de gens qui ne l'en aiment pas moins ? Voilà la rue des Vieux-Augustins (demeure de mademoiselle

Volland); là, mon ami, la parole me manquerait. Je m'appuierais la tête sur mes deux mains; quelques larmes tomberaient de mes yeux, et je me dirais à moi-même : Elle est là, comment se fait-il que je sois ici?

Diderot, on le voit par ces citations, écrit du ton de la conversation. Il se figure qu'il a Grimm dans un fauteuil en face de lui, ou le bras passé dans le sien pendant une promenade, et il lui fait part de toutes ses impressions. On vient de surprendre un accès de tristesse; ce sera tout à l'heure un cri d'indignation. Il a cité un trait de tyrannie précoce chez un jeune prince; il en rend responsable l'instituteur de celui-ci et il le maudit : « Je regrette l'enfer pour les abominables corrupteurs de ces enfants-là. Il n'est donc que trop vrai qu'il n'y a pas un lieu de supplice pour eux après cette vie, souillée de leurs forfaits et trempée de nos larmes! Ils nous auront fait pleurer, et ils ne pleureront point! Je souf-

fre mortellement de ne pouvoir croire en
Dieu ! Ah Dieu ! souffrirais-tu et les monstres
qui nous dominent et ceux qui les ont formés,
si tu étais quelque chose de plus qu'un vain
épouvantail des nations? » On voit partir la
bouffée de rhétorique, noble rhétorique, d'ailleurs, et honorable emportement.

On a beaucoup discuté sur l'athéisme de
Diderot ; il me semble que nous venons de le
prendre sur le fait. A plus forte raison notre
philosophe doit-il être impitoyable pour les
cérémonies du culte ; les processions ne peuvent manquer de le faire crier au fanatisme.
Eh bien ! pas du tout. Diderot a ses moments
d'émotion religieuse, et, comme il faut qu'il
raconte tout ce qui lui passe par la tête et par
le cœur, il n'hésitera pas à nous mettre dans
la confidence. C'est au sujet des tableaux
d'église. Le critique s'élève contre certains

rigoristes, partisans d'une religion purement dogomatique, qui auraient voulu supprimer les démonstrations extérieures et les images :

> Supprimez tous les symboles sensibles, dit-il, et tout le reste bientôt se réduira à un galimatias métaphysique qui prendra autant de formes et de tournures bizarres qu'il y aura de têtes. Ces absurdes rigoristes ne connaissent pas l'effet des cérémonies extérieures sur le peuple ; ils n'ont jamais vu notre Adoration de la croix au vendredi-saint, l'enthousiasme de la multitude à la procession de la Fête-Dieu, enthousiasme qui me gagne moi-même quelquefois. Je n'ai jamais vu cette longue file de prêtres en habits sacerdotaux, ces jeunes acolytes vêtus de leurs aubes blanches, ceints de leurs larges ceintures bleues, et jetant des fleurs devant le saint-sacrement ; cette foule qui les précède et qui les suit dans un silence religieux ; tant d'hommes le front prosterné contre la terre ; je n'ai jamais entendu ce chant grave et pathétique donné par les prêtres et répondu affectueusement par une infinité de voix d'hommes, de femmes, de jeunes filles et d'enfants, sans que mes entrailles ne s'en soient émues, n'en aient tressailli et que les larmes ne m'en soient venues aux yeux. Il y a là-dedans je ne sais quoi de grand, de sombre, de solennel, de mélancolique. J'ai connu un

peintre protestant qui avait séjourné longtemps à Rome, et qui confessait n'avoir jamais vu le souverain pontife officier dans Saint-Pierre, au milieu des cardinaux et de son clergé, sans devenir catholique. Il reprenait sa religion à la porte.

Le morceau se termine par un mot qu'on est surpris de rencontrer sous la plume de Diderot : « Mon ami, si nous aimons mieux la vérité que les beaux-arts, prions Dieu pour les iconoclastes. » Cette saillie sent le scepticisme, et Diderot d'ordinaire n'est rien moins que sceptique. C'est un philosophe pour de bon, au grand sérieux, un vrai croyant. Seulement il est mobile et, comme il a tout senti et tout compris, il nous échappe parfois au moment où nous croyons le tenir.

Je continue ces extraits pendant que j'y suis, essayant de donner ainsi quelque idée de la variété de tons et de sujets qui fait des *Salons* un recueil si attrayant. Nous avons entendu le critique discourir de toutes choses et surtout de lui-même; il est temps de voir de quelle manière il parle des arts et des artistes. Le remarquable portrait qu'on va lire est celui de Falconet :

> Voici un homme qui a du génie, et qui a toutes sortes de qualités compatibles et incompatibles avec le génie, quoique ces dernières se soient pourtant rencontrées dans François de Vérulam et dans Pierre Corneille. C'est qu'il a de la finesse, du goût, de l'esprit, de la délicatesse, de la gentillesse et de la grâce tout plein; c'est qu'il est rustre et poli, affable et brusque, tendre et dur; c'est qu'il pétrit la terre et le marbre, et qu'il lit et médite; c'est qu'il est doux et caustique, sérieux et plaisant; c'est qu'il est philosophe, qu'il ne croit rien et qu'il sait bien pourquoi; c'est qu'il est bon père et que son fils s'est sauvé de chez lui; c'est qu'il aimait sa maîtresse à la folie et qu'il l'a fait mourir de douleur; qu'il en est devenu triste, sombre, mélancolique; qu'il en a pensé mourir de regret; qu'il y a longtemps qu'il l'a perdue et qu'il n'en est pas consolé. Ajoutez à cela qu'il n'y a pas d'homme plus jaloux du suffrage de ses contemporains et plus indifférent sur celui de la postérité. Il porte cette philosophie à un

point qui ne se conçoit pas, et cent fois il m'a dit qu'il ne donnerait pas un écu pour assurer une durée éternelle à la plus belle de ses statues.

Après le portrait d'un artiste, la description d'un tableau. On regrette d'avoir à dire que Diderot, qui avait été lié avec le peintre aussi bien qu'avec le sculpteur, se brouilla avec l'un et l'autre. « O l'indigne nature que ce Greuze ! » s'écriait-il dans une lettre à Falconet justement, en 1769. Ce qui n'empêche pas d'ailleurs qu'il ne parle avec enthousiasme de la *Petite fille au chien noir* exposée par Greuze cette année-là même. L'ouvrage dont il est question dans le passage suivant était plus ancien :

Avant que de finir, il faut que je vous dise un mot d'un tableau charmant qui ne sera peut-être jamais exposé au Salon. Il est de Greuze. Vous n'y reconnaîtriez ni le genre, ni peut-être le pinceau de l'artiste; pour son esprit, sa finesse ils y sont. Imaginez une fenêtre sur la rue. A cette fenêtre un rideau vert entr'ouvert ; derrière ce rideau, une jeune fille charmante sortant de son lit et n'ayant pas eu le temps de se vêtir. Elle vient de recevoir un billet de son amant. Cet amant passe sous sa fenêtre, et elle lui jette un baiser en passant (Diderot veut dire : au passage). Il est impossible de vous peindre toute la volupté de cette figure. Ses yeux, ses paupières en sont chargés ! Quelle main que celle qui a jeté le baiser ! Quelle physionomie ! Quelle bouche ! Quelles lèvres ! Quelles dents ! Quelle gorge ! On la voit cette gorge et on la voit tout entière, quoiqu'elle soit couverte d'un voile léger. Le bras gauche... Elle est ivre, elle n'y est plus, elle ne sait plus ce qu'elle fait, ni moi presque ce que j'écris... Ce bras gauche qu'elle n'a plus la force de soutenir est allé tomber sur un pot de fleurs qui en sont toutes brisées ; le billet s'est échappé de sa main ; l'extrémité de ses doigts s'est allée reposer sur le bord de la fenêtre, qui a disposé de leur position. Il faut voir comme ils sont mollement repliés ; et ce rideau, comme il est large et vrai ; et ce pot, comme il est de belle forme ; et ces fleurs, comme elles sont bien peintes ; et cette tête, comme elle est nonchalamment renversée ; et ces cheveux châtains, comme ils naissent du front et des chairs ; et la finesse de l'ombre du rideau sur ce bras ; de l'ombre de ces doigts sur le dedans de la main ; de l'ombre de cette main et de ce bras sur la poitrine ! La beauté et la délicatesse des passages du front aux joues, des joues au cou, du cou à la gorge ! Comme elle est coiffée ! Comme cette tête est bien par plans ! Comme elle est hors de la toile ! Et la mollesse voluptueuse qui règne depuis l'extrémité de la main, et qu'on suit de là dans tout le reste de la figure ! Et comme cette mollesse vous gagne et serpente dans les veines du spectateur comme il la voit serpenter dans la figure ! C'est un tableau à tourner la tête, la vôtre même qui est si bonne.

C'est un des traits les plus honorables du caractère de Diderot que l'impartialité avec laquelle il juge amis et ennemis. Je ne connais aucun écrivain qui ait plus approché que lui de ce que je me suis habitué à regarder comme l'idéal de la critique : savoir louer, louer cordialement, avec enthousiasme au besoin, sans s'engouer pour cela, ni devenir aveugle aux défauts ; et, de même, savoir être sévère, rigoureux dans l'occasion pour un écrivain ou un artiste, sans se croire tenu de lui refuser l'admiration qu'il peut mériter à d'autres égards. Oui, chers confrères en critique, croyez-m'en, nos jugements sont trop d'une seule pièce; il faut apprendre à y apporter plus de liberté; il faut s'inspirer davantage de ce résultat le plus clair des leçons de la vie, que tout, même chez les plus grands d'entre les fils des hommes, est incomplet, mêlé, relatif, que tout est possible en fait de contradictions et de limites, que toute vertu comporte quelque alliage, tout héroïsme quelque petitesse, tout génie une part de sottise. On sait à quel point Lulli était borné. Comme il ne disait que des coquecigrues, un jour, à dîner, chez un grand seigneur son admirateur et son patron : « Ne l'écoutez pas, s'écriait celui-ci; il n'a pas le sens commun, il est tout génie ! » Diderot sent de même. Il placera très haut un dessin de Vanloo, et

il déclarera en même temps que l'auteur
« était une brute ». Il assignera un rang
fort élevé à La Grenée parmi les peintres du
temps, et il ne l'en appellera pas moins une
bête, « une chienne de bête ». Il ne croit
point se contredire en exprimant des jugements en apparence si opposés, et il a raison.
N'est-il pas lui-même l'exemple le plus frappant des contrastes qu'offre la nature humaine?
Ne nous est-il pas apparu tour à tour comme
le plus vif esprit et l'auteur du galimatias
le plus ampoulé, comme un cœur généreux
et une imagination salie, comme un mélange
d'élévation et de bassesse fait exprès, dirait-on, pour dérouter la psychologie vulgaire
qui veut que nous soyons tout l'un ou tout
l'autre?

Les idées générales naissent à chaque instant, dans les *Salons*, de l'examen des ouvrages exposés, et ces idées ne sont jamais banales. Il y a plutôt paradoxe, mais, en même temps, sous cette forme paradoxale, des choses admirablement bien vues. Que de finesse, par exemple, de profondeur même dans les lignes suivantes sur les conditions d'épanouissement des arts ! Il s'agit de Roslin, un Suédois de naissance. « Il pouvait être un peintre, écrit Diderot, mais il fallait venir de bonne heure dans Athènes. C'est là qu'aux dépens de l'honneur, de la bonne foi, de la vertu, des mœurs, on a fait des progrès surprenants dans les choses de goût, d'art, dans le sentiment de la grâce, dans la connaissance et le choix des caractères, des expressions et des autres accessoires d'un art qui suppose le tact le plus délié, le plus délicat, le jugement le plus exquis, je ne sais quelle noblesse, une sorte d'élévation, une multitude de qualités fines, vapeurs délicieuses qui s'élèvent du fond d'un cloaque. Ailleurs on aura de la verve, mais elle sera dure, agreste et sauvage. Les Goths, les Vandales ordonneront une scène ; mais combien de siècles s'écouleront avant qu'ils sachent, je ne dis pas l'ordonner comme Raphaël, mais sentir combien Raphaël l'a noblement, simplement, grandement ordonnée. »

Une autre année, dans le *Salon* de 1769, le même sujet est envisagé d'un autre point de vue, mais avec une intelligence non moins remarquable de la nature de l'art et de l'artiste : « La philosophie, la poésie, les sciences et les beaux-arts tendent à leur déclin du moment où, chez un peuple, les têtes, tournées vers les objets d'intérêt, s'occupent d'administration, de commerce, d'agriculture, d'importation, d'exportation et de finance. Au milieu de cet esprit de calcul, le goût de l'aisance se répand et l'enthousiasme se perd. Le goût des beaux-arts suppose un certain mépris de la fortune, je ne sais quelle incurie des affaires domestiques, un certain dérangement de cervelle, une folie qui diminue de jour en jour. On devient sage et plat, on fait l'éloge du présent, on rapporte tout au petit moment de son existence et de sa durée; le sentiment de l'immortalité, le respect de la postérité sont des mots vides de sens qui font sourire de pitié; on veut jouir; après soi le déluge. On disserte, on examine, on sent peu, on raisonne beaucoup, on mesure tout au niveau scrupuleux de la logique, de la méthode, de la vérité; et que voulez-vous que les arts, qui ont tous pour base l'exagération et le mensonge, deviennent parmi des hommes sans cesse occupés de réalités et ennemis par état des fantômes de l'imagination que leur souffle fait disparaître? C'est une belle chose que la science économique, mais elle nous abrutira. Il me semble que je vois déjà nos neveux le barême en poche et le portefeuille des finances sous le bras. Regardez-y bien, et vous verrez que le torrent qui nous entraîne n'est pas celui du génie. »

Je voudrais qu'il me restât de la place pour quelques-unes des pensées détachées que j'ai notées en lisant les *Salons*. En voici une qui me paraît belle : « La sculpture suppose un enthousiasme plus opiniâtre et plus profond que la peinture, plus de cette verve forte et tranquille en apparence, plus de ce feu couvert et secret qui bout au dedans. C'est une muse violente, mais silencieuse et cachée. » Et comme ce qui suit est juste ! « Il est bien de peindre facilement, mais il faut céler la routine qui donne aux productions en tout genre un air de manufacture. Ce n'est pas à Vernet seul que je m'adresse, c'est à Saint-Lambert, à Voltaire, à Rousseau, à l'abbé Morellet, à moi. » On est seulement étonné de trouver Saint-Lambert et Morellet en si haute compagnie. Il est vrai qu'ils avaient écrit tous les deux dans l'Encyclopédie.

Il y aurait toute une collection à faire, dans ces *Salons* de Diderot, de jolies choses, de réflexions ingénieuses, de saillies amusantes, de pensées frappantes. Il est dommage seulement que, le moment d'après, ou plutôt à travers tout cela, pleuvent les gamineries, les polissonneries, les mots grossiers qu'on n'est pas accoutumé à voir imprimés noir sur blanc, les anecdotes graveleuses qui partout ailleurs se voilent du moins de quelques périphrases. « Vous voyez, mon ami, écrit

Diderot, que je deviens ordurier comme tous les vieillards. » Il n'avait malheureusement pas attendu la vieillesse pour contracter ce goût dépravé. « Regardez bien, dit Sainte-Beuve, vous lui voyez au front un reflet du rayon de Platon, mais il y a toujours le pied du Satyre. »

Nous ne pouvons éluder une question délicate. Diderot est éloquent, il est profond quand il discourt des arts, mais que valent ses jugements sur les tableaux et les artistes? Que valent-ils aujourd'hui, à distance, et surtout qu'en pensent les gens du métier? Je n'ai garde de répondre pour ces derniers, et, en attendant que quelqu'un d'entre eux s'en charge, je me contente de définir les conditions dans lesquelles était placé Diderot.

Ce qui est incontestable, c'est qu'il apportait à sa tâche une grande équité et une grande sincérité, vertus, je le reconnais du reste, qui lui étaient facilitées par la destination de ses *Salons*. Comme il écrivait pour une Correspondance manuscrite et pour des lecteurs étrangers, il n'avait pas besoin d'atténuer la franchise de ses sentences. Les tableaux de Parrocel sont des tableaux d'auberge, mais ce Parrocel est un voisin, ce voisin est un père de famille qui n'a que sa palette pour nourrir une femme et cinq ou six enfants; Diderot serait désolé qu'on sût ce qu'il pense de la peinture de Parrocel, et s'il en parle à son aise, c'est qu'il ne s'adresse pas au public. Et puis, s'il y a des moments où la sévérité l'emporte, il en est d'autres où le critique se souvient des difficultés de l'art, et où il se met lui-même à prêcher la modération. Il rappelle, à ce sujet, certaine leçon de Chardin : « Messieurs, disait

l'habile artiste, messieurs, de la douceur !
Entre tous les tableaux qui sont ici, cherchez
le plus mauvais, et sachez que deux mille
malheureux ont brisé entre leurs dents le
pinceau, de désespoir de faire jamais aussi
mal (il faut lire, évidemment : aussi bien).
Parrocel, que vous appelez un barbouilleur,
et qui l'est, en effet, si vous le comparez à
Vernet, ce Parrocel est pourtant un homme
rare relativement à la multitude de ceux
qui ont abandonné la carrière dans laquelle
ils sont entrés avec lui. Lemoine disait qu'il
fallait trente ans de métier pour savoir *conserver son esquisse* (c'est-à-dire transformer son
ébauche en un tableau achevé), et Lemoine
n'était pas un sot. Croyez que la plupart des
hautes conditions de la société seraient vides
si l'on n'y était admis qu'après un examen
aussi sévère que celui que nous subissons. »

Il y a plusieurs raisons, je le reconnais, pour que les jugements de Diderot ne soient point toujours sûrs. Ce n'est pas seulement qu'il n'a jamais manié le crayon ni touché le pinceau, ou qu'il s'abandonne trop entièrement à son impression première, c'est aussi qu'il est de son temps et qu'il subit l'influence des goûts et des idées de l'époque; c'est qu'il a ses théories à lui; c'est qu'il parle de ses contemporains, et qu'il est impossible au connaisseur le plus exercé de se placer au point de vue de la postérité, d'anticiper l'arrêt futur, définitif, dans lequel se glisse, du reste, tant d'accident aussi et de convenu. Diderot, enfin, est lié avec beaucoup d'artistes, quelques-uns sont ses amis, et, malgré toute l'impartialité de son caractère, il ne peut éviter quelque prévention en leur faveur. Il est une circonstance, en revanche, qu'il ne faut pas oublier en lisant les *Salons :* Diderot a pour juger la peinture de l'époque des moyens qui nous font aujourd'hui presque entièrement défaut. Les innombrables ouvrages qu'il passe en revue sont dispersés, la collection du Louvre est d'une pauvreté déplorable en ce qui concerne l'École française du xviiie siècle, de sorte que nous n'avons vraiment pas toujours le droit d'opposer notre sentiment à celui du critique. Il a prononcé sur des dossiers complets, tandis que nous décidons souvent sur un très petit nombre d'ouvrages. Je vois bien que Diderot a surfait les Carle Vanloo, les Vien, les Doyen, les Deshays, mais il avait sur nous l'avantage de connaître presque tout leur œuvre.

Diderot est un esprit libre, et la liberté de son esprit l'a préservé de l'esprit de parti et des engouements. Elle ne l'a pas, il est vrai, également préservé des surprises. Diderot a l'enthousiasme facile, et il s'emporte à des admirations exagérées. Il se demandera un jour si Deshays n'est pas le premier peintre de la nation. Greuze est sublime, cela va sans dire, mais le *Saint-Grégoire* de Vanloo est également sublime; les *Ruines* de Hubert Robert sont de sublimes ruines, et la *Baigneuse* d'Allegrain est une sublime figure [1]. Ce retour si fréquent d'une si forte épithète est caractéristique. L'imagination de l'écrivain s'échauffe, il éprouve une certaine élévation subite de tout son être, et, une fois monté lui-même au diapason du sublime, il trouve tout sublime autour de lui. Plus tard il se refroidit, et comme il est trop sincère pour tenir outre mesure à rester conséquent avec

---

1. *Œuvres*, t. X, p. 357 et 406. XI, 228 et 350.

lui-même, il n'hésite pas à revenir sur ses premières impressions.

Au lieu d'être surpris de celles des appréciations de Diderot que le temps n'a pas ratifiées, peut-être devrait-on admirer qu'il ait si souvent touché juste. N'oublions pas que les termes de comparaison sont pour beaucoup dans les jugements sur l'art, et qu'avec l'essor qu'ont pris les écoles modernes, le goût a reçu une éducation qui manquait à la critique d'avant la Révolution. Nous sommes autres, et cela à bien des égards. Ce que nous aimons le moins dans Greuze était justement ce qui touchait le plus Diderot, je veux dire le drame sentimental et domestique. Si son admiration pour Vernet paraît excessive, c'est qu'il partageait le goût de son temps pour le paysage savamment et artificiellement composé. Si, en revanche, il nous paraît bien rigoureux et armé d'une règle un peu pédante lorsqu'il parle de Boucher et de son école, n'est-il pas excusable de n'avoir pas senti les grâces mièvres, la fantaisie absurde et charmante de ces peintres comme nous le faisons aujourd'hui? Il y a donc en somme, cela va sans dire, des parties contestables dans les jugements de Diderot; mais il eut un honneur qu'on ne saurait lui contester, celui d'avoir loué comme il convenait les Chardin, les Hall, les La Tour, et, dans son dernier *Salon*, en 1781, d'avoir salué l'apparition de David.

Diderot n'était pas sans se défier lui-même de sa compétence en fait de peinture. Il a soin de rappeler qu'il n'est ni artiste, ni même amateur. Il s'était probablement intéressé aux arts de bonne heure, mais, il l'avoue quelque part, il n'y avait appliqué ses facultés critiques que lorsque Grimm l'eut engagé à

lui faire des *Salons* pour sa Correspondance.
« C'est la tâche que vous m'avez proposée,
écrit-il à son ami, qui a fixé mes yeux sur
la toile, et qui m'a fait tourner autour du
marbre. J'ai donné le temps à l'impression
d'arriver et d'entrer. J'ai ouvert mon âme
aux effets. Je m'en suis laissé pénétrer... J'ai
compris ce que c'était que finesse de dessin
et vérité de nature. J'ai conçu la magie de la
lumière et des ombres. J'ai conçu la couleur,
j'ai acquis le sentiment de la chair. » Diderot
y a acquis en même temps le vocabulaire du
métier; il parle de dessous, de glacis, de pâte;
cependant, je le répète, il ne cherche pas,
pour tout cela, à en faire accroire. Son ami
Falconet vient de partir pour la Russie : il
regrette en lui le guide qui avertissait son
goût, renseignait sa critique. Il lui reste bien
Greuze, Chardin; mais en vain bavarde-t-il

avec eux, en vain suit-il les expositions, visite-t-il les ateliers : « Il y a tant de choses, dit-il, qui tiennent au technique et dont il est impossible de juger sans avoir eu quelque temps le pouce passé dans la palette. »

Ce n'est pas, d'ailleurs, le métier seulement qui lui manque, il l'a compris aussi, c'est encore et surtout une nature ; c'est le tempérament ; c'est la faculté spéciale, intuitive, le don natif qui, dans chaque art, fait proprement l'artiste, ici le peintre et le sculpteur, ailleurs le musicien, l'écrivain, le poète. Diderot le sait si bien qu'il a une admirable page là-dessus. Il s'agit de Carle Vanloo, qui venait de mourir en laissant de belles esquisses pour la décoration de la chapelle de Saint-Grégoire, aux Invalides. « Mais dites-moi donc, demande Diderot, où il a trouvé cela. Car c'était une brute. Il ne savait ni penser, ni parler, ni écrire, ni lire. Méfiez-vous de ces gens qui ont leurs poches pleines d'esprit et qui le sèment à tout propos. Ils n'ont pas le démon; ils ne sont jamais ni gauches, ni bêtes. Le pinson, l'alouette, la linotte, le serin jasent et babillent tant que le jour dure. Le soleil couché, ils fourrent leur tête sous l'aile, et les voilà endormis. C'est alors que le génie prend sa lampe et l'allume, et que l'oiseau solitaire, sauvage, inapprivoisable, brun et triste de plumage, ouvre son gosier, commence son chant, fait retentir le bocage et rompt mélodieusement le silence et les ténèbres de la nuit. »

Beau passage, pour le dire en passant ; réflexion profonde et expression magnifique! Je ne puis m'empêcher de noter l'image si rêveuse, la phrase si bien venue. Diderot a rarement de pareilles pages.

Je disais que Diderot manque de l'intuition pittoresque et plastique, qu'il n'a pas la naïveté de l'impression, la sensation immédiate et en quelque sorte physique que produit l'œuvre d'art sur l'organisation de l'artiste. La conséquence en est que sa critique des *Salons* est au fond de la littérature. Il se glisse toujours quelque chose entre lui et l'ouvrage qu'il étudie, une idée, un raisonnement. L'émotion, l'ébranlement nerveux, ne lui arrive qu'à la réflexion. Ce qui l'attire dans un tableau ou dans une statue, ce sont les mérites intellectuels, la conception, l'idée morale, l'ordonnance; ce sont l'expression, la noblesse, la vérité, le naturel; ce sont, enfin, les qualités qui ressortissent à la théorie de l'art, telles que la perspective, l'harmonie, la couleur. Et encore, en parlant du coloris, Diderot sait-il fort bien qu'il y a là un sens qui ne se donne pas, affaire de don naturel et de vocation. Il compare assez justement ce que la couleur est dans un tableau à ce que le style est en littérature. Il y a des auteurs et des peintres qui pensent, qui savent ordonner, qui ont l'exactitude et la justesse; « mais, ajoute-t-il, de tous les temps le style et la couleur ont été des choses précieuses et rares ». Et dans une autre occasion : « Otez à Téniers son faire, et qu'est-ce que Téniers? Il y a tel genre de littérature et tel genre de peinture où la couleur fait le principal mérite. Pourquoi le conte de la *Clochette* est-il charmant? C'est que le charme du style y est. Otez ce charme, vous verrez.

> .... O belles ! évitez
> Le fond des bois et leur vaste silence.

» Poètes, voilà ce qu'il faut savoir dire !

Peintres, allez voir la *Foire* (la *Kermesse*) de Téniers et dites-vous à vous-mêmes : Voilà ce qu'il faut savoir faire. »

Vrai et délicat ! Mais ne sent-on pas, au besoin même de ramener l'un des arts à l'autre, de comparer pour les expliquer l'une par l'autre des choses qui restent, après tout, si dissemblables, ne sent-on pas la préoccupation littéraire fondamentale?

La prédominance de l'élément intellectuel et littéraire, dans les jugements de Diderot sur les arts, est tellement caractéristique de ses *Salons*, et sans leur enlever de leur agrément, elle en limite si évidemment la valeur critique, que je ne m'excuse pas d'y appuyer. Mis en demeure de choisir, l'écrivain n'hésite point à préférer la pensée à l'exécution, l'idée à la facture. « Jugerons-nous de l'art comme d'un métier, écrit-il dans le *Salon* de

1767, ou rapporterons-nous les productions du peintre à leur vrai but, à leur vraie raison? La peinture est-elle l'art de parler aux yeux seulement, ou celui de s'adresser au cœur et à l'esprit, de charmer l'un, d'émouvoir l'autre par l'entremise des yeux? » Et encore plus explicitement dans une lettre à Falconet : « Sans technique point de peinture, il est vrai, mais que m'importe la peinture sans idéal? Et à tout prendre, j'aime encore mieux des idées que la couleur. »

Diderot, en somme, est un spiritualiste dans les arts; or c'est sensualiste qu'il faut être pour les goûter et les apprécier comme il convient. Si la réflexion n'y nuit pas, c'est à la condition d'être contrebalancée par une robuste part d'instinct et de nature; l'âme seule donne à un tableau sa valeur idéale, complète, mais il faut bien reconnaître que le tempérament lui suffit.

Diderot, quel que soit le mérite de ses jugements, fait compter avec lui, parce que son sentiment est toujours sincère et son opinion toujours raisonnée. Il tient pour l'antique, par exemple, et il y a des moments où, à l'entendre parler de la beauté idéale et de la ligne vraie, on craint de le voir verser dans le convenu. Son grand sens l'en préserve toutefois. On trouvera des passages où il recommande « l'observation continuelle de la nature » comme suppléant la présence des grands modèles, et la servitude résultant d'une « imitation rigoureuse et forte » comme pouvant donner à un ouvrage un caractère peu commun, voire sublime [1]. Et comme la distinc-

---

1. *Œuvres*, t. XI, p. 257, XIII, p. 14.

tion est finement sentie et l'opposition prétendue des deux systèmes heureusement ramenée à sa portée purement relative, lorsque Diderot se félicite que la nature ne puisse être rendue avec une précision absolue, lorsqu'il rappelle cette part de mensonge, dans toute production poétique, dont la limite ne sera jamais déterminée, lorsqu'il parle de cette lisière de convention sur laquelle on permet à l'art de se promener! Cette dernière expression lui plaisait, car nous la rencontrons déjà sous sa plume, quatre ou cinq ans auparavant, dans un article sur Bouchardon : « Où est la ligne que la poésie ne saurait franchir sous peine de tomber dans l'énorme et le chimérique? Ou plutôt qu'est-ce que cette lisière au delà de la nature, sur laquelle Le Sueur, Le Poussin, Raphaël et les anciens occupent différents points : Le Sueur, sur le bord de la lisière qui touche à la nature, d'où les Anciens se sont permis le plus grand écart possible? Plus de vérité d'un côté, et moins de génie : plus de génie de l'autre côté, et moins de vérité. Lequel des deux vaut le mieux? » Et il conclut : « Laissez à l'art la liberté d'un écart approuvé par les uns et proscrit par d'autres. Quand on a une fois avoué que le soleil du peintre n'est pas celui de l'univers et ne saurait l'être, ne s'est-on pas engagé dans un autre aveu dont il s'ensuit une infinité de conséquences? La première, de ne pas demander à l'art au delà de ses ressources; la seconde de prononcer avec une extrême circonspection de toute scène où tout est d'accord [1]. »

Diderot a passé successivement sous nos

---

[1] *Œuvres*, t. X, p. 418, XI, p. 185.

yeux comme auteur dramatique, comme conteur, et comme l'auteur des *Salons*; il nous reste à parler de l'*essayiste*, en comprenant sousle nom d'Essais quelques écrits très courts qu'il est difficile de classer autrement, quelques articles de critique littéraire, et enfin les dialogues. Il faut toutefois dire auparavant un mot de la correspondance, d'autant plus que les lettres à mademoiselle Volland sont assurément l'une des parties des œuvres de l'auteur les plus lues et les plus goûtées.[1].

J'en juge à cet égard comme tout le monde, et cependant Diderot ne me paraît pas destiné à rester et à compter parmi nos épistolaires. Il n'y a point de charme dans ses lettres. On n'en citera aucune qui fasse morceau

---

1. L'édition de MM. Assézat et Tourneux, après avoir écrit Voland avec une seule *l* pendant dix-sept volumes, change d'orthographe en arrivant aux Lettres, mais sans dire pourquoi.

et modèle, aucune après laquelle on ferme le volume en admirant combien cela est fort, ou élevé, ou exquis. Le plaisir qu'on y trouve tient plutôt à la personne de l'écrivain, à l'entrain de son esprit, à la bonhomie de son caractère, aux échappées de sa forte et franche nature. Ce qui est vivant intéresse toujours, et l'on finit par tout pardonner à la verve. Ajoutez que Diderot nous fait vivre dans une société singulièrement curieuse et même séduisante, qu'on arrive, en le lisant, à se croire de la maison au Grandval et à la Chevrette, qu'il apprend à connaître mieux que personne certains côtés de ce xviiie siècle qui tient une place si considérable dans l'histoire de l'esprit humain aussi bien que de la société française. Enfin, et pour tout dire, il y a un roman dans cette correspondance, un roman d'une nature particulière, le roman de l'âge mûr, la chronique d'un sentiment qui commence quand l'un des amants a quarante-cinq ans, tandis que Sophie en a plus de trente et porte des lunettes. Mais Sophie est aimable, spirituelle et instruite, nous avons tout lieu de le supposer, et Diderot, de son côté, reste tendre et dévoué jusque dans la vieillesse. Jamais de tempête dans le ciel de ces amoureux, point de soupçon ni de jalousie, à peine un reproche quand une lettre s'est trop fait attendre. Au fond, j'ai tort de parler d'un roman, c'est d'un mariage qu'il s'agit, d'un mariage à la façon de ce temps-là, mais comme il n'y en a beaucoup en aucun temps, heureux et assorti. Quel dommage que nous n'ayons pas les réponses de mademoiselle Volland, pas même un bout de billet! Pour la connaître, on est réduit à en juger par l'affection de Diderot, ce qui ne suffit pas à reconstruire un portrait. La correspondance, en revanche, fait passer devant nous toute la famille de Sophie : sa mère, si revêche d'abord à la liaison avec Diderot, mais qui devient plus tard « la chère maman »; sa sœur, madame Legendre, que notre philosophe appelle Uranie, avec laquelle il aime à marivauder, et surtout à causer de l'absente. Il y a une autre sœur, madame de Blacy, mais qui paraît moins souvent. Madame Volland, en été, va au château d'Isle, Sophie naturellement l'y accompagne : de là les lettres qui nous font vivre à la fois avec Diderot resté à Paris, avec les sœurs qui y sont restées aussi, et avec tous les amis et voisins dont on donne des nouvelles. C'est un attrait de la Correspondance que cette initiation à ce petit coin du monde ; c'en est aussi le défaut : il y a trop de choses qui n'ont point d'intérêt pour nous, parce que nous ne connaissons pas les personnes; il y a surtout des obscurités que les éditeurs ne se sont pas donné jusqu'ici la peine d'éclaircir, et dont beaucoup ne peuvent plus être dissipées aujourd'hui et refroidissent nécessairement le lecteur.

Les éditeurs des œuvres complètes de Diderot ont réuni un assez grand nombre de ses articles de critique littéraire. Il en est deux qui, plus étendus et plus intéressants que les autres, sont aussi plus connus. Il est vrai que c'est à des titres différents. L'*Éloge de Richardson*, comme le remarque M. Assézat, a plutôt fait tort à Diderot en fournissant à ses ennemis des exemples fâcheux de son goût pour la déclamation. Il est certain que l'article a été écrit d'enthousiasme. L'auteur avoue qu'il a jeté ses idées sur le papier sans ordre ni dessein, « à mesure qu'elles lui étaient inspirées par le tumulte de son cœur ». Aussi règne-t-il une sorte d'ivresse dans ce morceau. L'admiration y passe toute mesure. Diderot place le romancier anglais à côté de la Bible et d'Homère. Il fait de ses écrits une pierre de touche pour juger les hommes. Ceux à qui *Paméla*, *Clarisse* et *Grandisson* déplaisent, sont jugés pour lui, et il ne rencontre jamais un admirateur de ces ouvrages sans être tenté de le serrer entre ses bras. Dans les transports de son zèle, il prend à partie le monde animé et inanimé. Il invoque ses amis, l'auteur, les siècles qu'il conjure de couler plus vite afin d'amener avec eux les honneurs qui sont dus à Richardson. Le manque de sens rassis est donc évident, il est volontaire, et ce serait être dupe que de chercher dans ce dithyrambe quoi que ce soit

qui ressemble à un jugement proprement dit.
On peut se demander, en revanche, s'il n'y a
pas quelque injustice à insister, comme on le
fait, sur une improvisation écrite au courant
de la plume, pour un journaliste qui n'avait
pas de quoi remplir son numéro. Diderot
donne souvent des avantages contre lui avec
sa manière de trahir en chaque occasion les
impressions de sa mobile nature, sans s'être
jamais fait connaître d'une façon complète,
dans un ouvrage ordonné et médité. Aussi
j'en reviens toujours à mon sentiment : ce
n'est pas le livre, ce n'est pas l'œuvre qu'il
faut chercher dans les vingt volumes de Diderot, c'est Diderot lui-même, c'est sa personnalité, c'est ce caractère et ce talent qui
restent toujours tantôt au-dessous, tantôt au-dessus de l'idée qu'on s'en était faite.

Les *Réflexions sur Térence* sont célèbres.

Elles furent écrites pour le même journal littéraire que l'*Éloge de Richardson*, mais elles n'en ont ni l'exubérance, ni le décousu. « On n'est pas plus simple, plus élégant, plus net », a dit M. Villemain. Il est évident que Diderot, qui adorait Térence et qui n'hésite pas en plus d'un endroit à le mettre au-dessus de Molière [1], qui possédait par conséquent son sujet, s'est montré ici plus maître de sa plume qu'à l'ordinaire. Est-ce justement pour cela, et parce que le morceau, à tout prendre, est vraiment distingué, que j'y suis d'autant plus frappé du manque de composition qui caractérise tous les écrits de l'auteur. Il commence par rappeler que Térence était esclave, et là-dessus il s'embarque dans une

---

1. *Œuvres*, t. V, p. 233; VIII, 467; XI, 179. Les derniers mots de l'article sur Térence tendent, cependant, à établir la supériorité de Molière pour le don d'observation.

dissertation sur l'esclavage dans l'antiquité. Il a semé sa critique de remarques heureuses sur le goût, le style, l'harmonie, et il termine brusquement, mesquinement, en parlant de Colman, le traducteur anglais de Térence, et de l'état de la comédie en Angleterre. On n'est pas plus indifférent à l'effet qui résulte de la disposition des considérations et des arguments.

Je ne voudrais pas laisser croire, parce que Diderot manque de mesure dans quelques-unes de ses appréciations littéraires, qu'il ait été dénué du sens critique. Il l'avait, au contraire, et même parfois large et avec émotion, d'autres fois délicat et avec subtilité. Nous avons vu ce qu'il pense de Shakspeare. « Je crains bien, écrit-il, en parlant de Corneille, que nous n'ayons pris cent ans de suite la rodomontade de Madrid pour l'hé-

19.

roïsme de Rome, et brouillé le ton de la muse tragique avec le langage de la muse épique. » Il est saisi, comme il convient à une âme de poète, de la langueur passionnée des fameux vers de Phèdre :

Dieux! que ne suis-je assise à l'ombre des forêts!

Voilà qui est d'inspiration, s'écrie-t-il, qui est trouvé, « et je m'estime plus d'en sentir le mérite que de quelque chose que je puisse écrire de ma vie ». De même pour Molière, qu'il était tout à l'heure disposé à mettre au-dessous de Térence : « Il est des endroits, dans *les Femmes savantes,* qui font tomber la plume des mains. Si l'on a quelque talent, il s'éclipse. On reste des jours entiers sans rien faire. On se déplaît à soi-même. Le courage ne revient qu'à mesure qu'on perd la mémoire de ce qu'on a lu, et que l'impression qu'on en a ressentie se dissipe. » Le critique qui s'exprime ainsi peut bien avoir la note un peu forte, un peu exclamative, mais on ne saurait dire qu'il ait l'admiration déplacée ou vulgaire.

Le morceau *Sur les femmes* tient de la critique littéraire, puisqu'il a été écrit à l'occasion d'un ouvrage de Thomas, mais Thomas y occupe fort peu de place, et l'on peut ranger cet écrit parmi les Essais de Diderot, avec les charmants *Regrets sur ma vieille robe de chambre*, et, si l'on veut, le *Voyage à Bourbonne*. L'Essai sur les femmes est un exemple plus frappant encore que le morceau sur Térence de cette absence de suite et de dessein que je signalais tout à l'heure dans la manière de Diderot. Il y jette tout pêle-mêle, détails physiologiques, analyses morales, remarques littéraires, anecdotes, apostrophes à Thomas, apostrophes aux femmes elles-mêmes, et cela sans transition, sans reprendre haleine, allant, revenant, partant de nouveau, avec quelques traits heureux, comme lorsqu'il dit que le livre de Thomas n'est d'aucun sexe, — avec des passages du plus mauvais goût, celui, par exemple, où il demande « qu'on lui suspende les femmes sous les yeux comme des thermomètres des vicissitudes de nos mœurs », — avec une foule de remarques enfin qui témoignent d'une étrange et profonde expérience de la nature féminine.

Quelques-uns des dialogues de Diderot sont encore des Essais, le *Paradoxe du comédien*, par exemple et l'*Entretien avec la maréchale de Broglie*. Il a même donné ce tour à des contes, à l'histoire de mademoiselle de la Chaux et à celle de madame de la Carlière. C'était la forme que prenaient spontanément ses idées. Causeur infatigable comme il l'était, discuteur acharné, il avait toujours en imagination un interlocuteur devant lui. Passionné pour le drame, il dramatisait ses pensées. Il supposait l'objection et se donnait lui-même la réplique. Il se représentait l'impression faite par un discours, et il s'appliquait à la compléter ou à la modifier par d'autres considérations. D'un esprit souple et d'une nature ingénue, il faisait en tout sujet la part du pour et du contre, quitte à terminer souvent sans conclure. Grâce à ces diverses qualités, Diderot est devenu l'un des maîtres du genre. Je ne parle pas des grands et nobles dialogues, dont le *Sylla et Eucrate* de Montesquieu est le type le plus parfait, dont la Conversation entre Pascal et M. de Sacy est un exemple délicieux de simplicité et de candeur, et parmi lesquels on peut faire encore une place, si l'on veut, aux *Soirées de*

Saint-Pétersbourg. J'ai plutôt en vue le dialogue tel que l'ont manié Saint-Evremond mettant le maréchal d'Hocquincourt aux prises avec le Père Canaye, ou P.-L. Courier dans sa *Conversation chez la comtesse d'Albany*, lorsque le ton est naturel, la riposte prompte, les interlocuteurs piqués au vif et y allant de franc jeu. Eh bien, qu'on suppose ces qualités à l'état le plus brillant, et qu'on y ajoute une création extraordinaire, l'introduction d'un personnage étourdissant de verve, une mise en scène du plus haut comique, une action de l'extravagance la plus amusante, des reparties inouïes, des paradoxes dévergondés; — qu'on laisse de tout cela se dégager un intérêt philosophique, — qu'on songe sous quelles conditions et à quelle heure cette production a été possible, et l'on aura *le Neveu de Rameau*. Ailleurs et le plus souvent, le dialogue, chez Diderot, n'est qu'une forme qui sert au développement dialectique d'une idée ; mais ici il y a des acteurs, un rôle, un drame. Et quel drame ! Plus significatif, plus historique, plus mémorable que *le Mariage de Figaro* lui-même, ayant bien plus encore ce son de l'édifice qui craque, ce bruit du navire qui s'entr'ouvre. *Le Neveu de Rameau* marque la crise d'une société qui a entrepris un beau jour d'asseoir ses principes, ses institutions et ses mœurs sur un fondement rationnel, qui a fait table rase des traditions et des croyances pour se donner une base purement naturelle et humaine; qui a bien fait sans doute, d'abord parce qu'on ne croit pas à volonté et ensuite parce qu'il n'y a de vrai et de durable que ce qui porte d'aplomb sur la conscience ; mais qui en accomplissant cette révolution s'est trouvée privée des appuis artificiels avant d'avoir encore rien mis à la place ; dès lors emportée à la dérive, ne sachant à quoi se reprendre, sentant que tout se dissout à l'analyse, tout jusqu'à cette raison qui devait suffire à tout, mais n'en continuant pas moins d'analyser et de raisonner, allant ainsi au fond de son impuissance même, au fond de sa honte, faisant la philosophie de ses vices, sceptique, cynique, tombant en décomposition, prête pour la sanglante catastrophe.

Le Neveu de Rameau a quelque chose d'unique : c'est la puissance que l'effronté puise dans son avilissement même, lorsqu'il s'est résolument affranchi de toutes les considérations de moralité et de décence, de tous les liens d'honneur et d'affection naturelle :

<small>Je suis, à vos yeux, un être très abject, très méprisable, dit notre parasite à son interlocuteur, et je le</small>

suis quelquefois aux miens, mais rarement : je me félicite plus souvent de mes vices que je ne m'en blâme : vous êtes plus constant dans votre mépris.

DIDEROT. — Il est vrai ; mais pourquoi me montrer toute votre turpitude ?

RAMEAU. — D'abord, c'est que vous en connaissiez une bonne partie, et que je voyais plus à gagner qu'à perdre à vous avouer le reste.

DIDEROT. — Comment cela ? s'il vous plait.

RAMEAU. — S'il importe d'être sublime en quelques genres, c'est surtout en mal. On crache sur un petit filou, mais on ne peut refuser une sorte de considération à un grand criminel. Son courage vous étonne, son atrocité vous fait frémir. On prise avant tout l'unité du caractère.

Diderot, l'interlocuteur, est partagé entre l'envie de rire que lui donnent les pantalonnades du musicien et les transports d'indignation que lui cause la vue de tant de bassesse. « Vous êtes, s'écrie-t-il, un fainéant, un gourmand, un lâche, une âme de boue. » — « Je crois vous l'avoir dit », répond l'autre tranquillement. Rien ne l'émeut plus, parce qu'il a osé regarder jusqu'au fond, s'avouer ce qu'il est. « Il faut plus de courage qu'on ne pense, dit-il, pour s'appeler de son nom; vous ne savez pas ce qu'il en coûte pour en venir là. »

Mais en même temps, et c'est là le trait de génie dans *le Neveu de Rameau*, ou peut-être seulement le bonheur d'avoir rencontré ce caractère dans le personnage qui lui a servi de modèle, le parasite de Diderot n'est pas uniquement un drôle, ni même un drôle amusant d'audace : l'auteur a eu l'art de lui prêter une certaine justesse d'idées, de tempérer notre dégoût pour le vice par l'espèce d'intérêt qu'excite la franchise, de faire oublier l'odieux du caractère par la vivacité des boutades, l'imprévu des raisonnements, l'excès de l'impertinence, le brio diabolique qui anime le dialogue. On ne sait plus où l'on en est, ni comment se garer dans cette averse de choses folles et sages, de vérités et de monstruosités.

Quand on cherche à rassembler ses impressions sur Diderot, à définir son talent, à lui assigner sa place, ce qui n'est pas facile en un sujet si complexe, on trouve que trois choses lui ont nui : il a trop écrit, ses écrits sont trop inégaux, et dans le nombre il en est de honteux.

Mais ce n'est pas tout : je prends les plus goûtés, les plus justement célèbres de ses ouvrages, et je ne puis m'empêcher de me demander si Diderot est ce qu'on appelle un écrivain.

Ce n'est pas qu'il ignore l'art d'écrire. Les *Réflexions sur Térence* renferment d'excellentes remarques sur le goût et sur le style. « Rien n'est plus rare, dit-il, qu'un homme doué d'un tact si exquis, d'une imagination si réglée, d'une organisation si sensible et si délicate, d'un jugement si fin et si juste, appréciateur si sévère des pensées, des caractères et des expressions, qu'il ait reçu la leçon du goût et des siècles dans toute sa pureté, et qu'il ne s'en écarte jamais. » Et, en parlant du style : « S'il y a des hommes qui comptent pour rien le charme de l'harmonie ; s'il y en a qui comptent pour rien ces images qui dépendent si souvent d'une expression, d'une onomatopée ; s'ils méprisent ce choix de mots énergiques dont l'âme reçoit autant de secousses qu'il plaît au poète ou à l'orateur de lui en donner, c'est que la nature leur a donné des sens obtus, une imagination sèche ou une âme de glace. »

Je suis encore plus frappé du passage suivant, tiré du *Salon* de 1767, sur cette qualité maîtresse du style, l'accent personnel dans l'expression : « Un homme de lettres qui n'est pas sans mérite prétendait que les

épithètes générales communes, telles que
grand, magnifique, beau, terrible, intéressant,
hideux, captivant moins la pensée de chaque
lecteur, à qui cela laisse, pour ainsi dire,
carte blanche, étaient celles qu'il fallait toujours préférer. Je le laissai dire ; mais, tout
bas, je lui répondais au dedans de moi-même :
Oui, quand on est un pauvre diable comme
toi, quand on ne se peint que des images
triviales. Mais quand on a de la verve, des
concepts rares, une manière d'apercevoir et de
sentir originale et forte, le grand tourment
est de trouver l'expression singulière, individuelle, unique, qui caractérise, qui distingue,
qui attache et qui frappe. Tu aurais dit d'un
de tes combattants qu'il avait reçu à la tête
ou au cou une énorme blessure. Mais le poète
dit : « La flèche l'atteignit au-dessus de
» l'oreille, entra, traversa les os du palais,

» brisa les dents de la mâchoire inférieure,
» sortit par la bouche, et le sang qui coulait
» le long de son fer tombait à terre en distil-
» lant par la pointe. »

Je note encore, toujours comme indication de la justesse du sens littéraire chez Diderot, ce mot d'une de ses lettres à Falconet : « Ce n'est pas au courant de la plume qu'on fait une belle page. »

On aurait mauvaise grâce, je l'avoue, en présence d'un sentiment si vif de l'art d'écrire, à se récrier sur les incorrections, les fautes de goût, çà et là une phrase ridicule. Il échappera à Diderot de dire : « Le pauvre philosophe dont on a mésinterprété la vivacité de l'intérêt ! » On pardonne ces lapsus à l'homme qui produit beaucoup et vite, et qui ne corrige pas. Il veut, lorsqu'on parle des femmes, qu'on « trempe sa plume dans l'arc-en-ciel et qu'on jette sur sa ligne la poussière des ailes d'un papillon ». — « Qu'est-ce que la femme? se demande-t-il quelque part : le premier domicile de l'homme. » Ce sont là de sottes expressions, ce ne sont pas des fautes irrémissibles. D'autant mieux qu'on pourrait mettre en balance, non seulement beaucoup de traits heureux, mais quelques grandes et belles pages, le passage que j'ai cité, par exemple, sur la morale, « cet arbre immense dont la tête touche aux cieux », etc.; celui qu'on lisait tout à l'heure sur le génie que dissimule une stupidité apparente; ou bien, enfin, la saisissante description de l'universelle caducité, à propos d'un tableau représentant des ruines: « Tout s'anéantit, tout périt ; il n'y a que le monde qui reste, il n'y a que le temps qui dure. »

Naigeon rapporte que Buffon regardait la péroraison de l'*Apologie de l'abbé de Prades*, dont Diderot est l'auteur, comme l'un des morceaux les plus éloquents de notre langue. Je n'y contredis pas absolument ; toutefois je fais remarquer que ce passage est fort isolé dans l'œuvre de l'écrivain, et qu'il est visiblement rédigé, tandis que Diderot improvise presque toujours.

C'est là le mot. Diderot est moins un artiste qu'un improvisateur. Il a tous les dons qui font l'improvisation : la facilité, l'abondance, la chaleur ; une fois la plume à la main, les idées et les termes lui arrivent en foule; tout son être s'émeut et l'émotion le rend éloquent. En revanche, il ne compose pas. Il ne s'inquiète ni des transitions ni des gradations. Il n'est point possédé du besoin de la perfection. Aussi intéresse-t-il plus qu'il ne charme. Ses livres sont de ceux qu'on lit, de ceux auxquels on revient, mais non de ceux qu'on savoure. Il a le sentiment, mais il manque de science; le mouvement, mais il manque d'ordonnance; la force, mais il manque de mesure; il a le flot, mais un flot trouble; de la sève, de la vie, mais ni choix, ni distinction; le génie si l'on veut, mais point de talent. La sensiblerie, l'emphase, la déclamation le rendent insupportable aux juges sévères, sa manière négligée, un je ne sais quoi de bourgeois et de vulgaire offense les délicats; on est vingt fois tenté de le reléguer parmi les écrivains du second rang, ou, comme je disais tout à l'heure, parmi les auteurs qui ne sont pas écrivains, et puis l'on est ramené l'instant d'après par la sincérité, l'absence de prétentions, le naturel : on continue et l'on est entraîné par l'abondance et la verve. La verve, c'est l'attrait de Diderot, c'est le secret de sa puissance. Cet homme a le diable au corps.

Il est une image qui est devenue banale, mais qui se présente si naturellement à l'esprit lorsqu'on parle de Diderot, que l'on ne saurait pour ainsi dire l'éviter. Diderot fait penser au vers de La Fontaine :

Un torrent tombait des montagnes.

Ce n'est que force, bruit, confusion. Le courant s'élargit par endroits et devient fleuve, mais un fleuve encore frémissant et débordant, et où le ciel ne se réfléchit guère. Toutes sortes de choses roulent dans ses flots, l'or aussi bien que la fange: *auro turbidus Hermus*. Sur le compte d'un pareil écrivain, on est et l'on sera toujours partagé. Les lecteurs qui pardonnent tout à la force ne sont pas blessés de ses défauts, tandis que ses défauts empêchent l'homme de goût de jouir pleinement d'un écrivain qui, lui, en avait si peu. Heureusement pour notre auteur que les exigences des raffinés ont fait généralement place aujourd'hui à l'amour des choses violentes. On préfère la puissance qui s'étale, s'agite, se prodigue, à la science des effets qui se contient et se dissimule, — et cette révolution dans le sentiment public a profité à Diderot.

FIN.

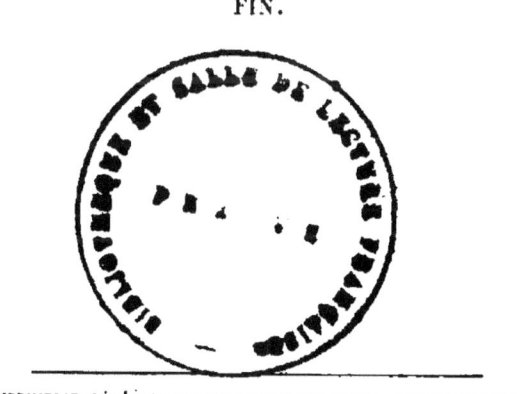

IMPRIMERIE GÉNÉRALE DE CHATILLON-SUR-SEINE, JEANNE ROBERT.

www.ingramcontent.com/pod-product-compliance
Lightning Source LLC
Chambersburg PA
CBHW071906160426
43198CB00011B/1194